DU KAN JU INTE

skylla på...

Tommy Liljehorn

DU KAN JU INTE

skylla på...

En verklighetsberättelse

Illustration:
Korrekturläsning: Tommy Liljehorn

Förlag: BoD – Books on Demand, Stockholm, Sverige
Tryck: BoD – Books on Demand, Norderstedt, Tyskland

ISBN: 978-91-8027-952-9

E T T

Jag vill så här i början passa på att varna alla er som tror att det här är någon form av skönlitterärt verk, jag skriver för att jag är frustrerad över hur helvetes illa det är ställt inom socialtjänsterna och att vi som där befinner oss, tyvärr, är totalt rättslösa.

Jag har heller aldrig lärt mig grammatik, eller det här med punkt, komma, utropstecken eller liknande påfund, därför kan ni glömma allt vad regler om textskrivning heter, jag är en medborgare som under 7 års tid misshandlats av den Svenska socialtjänsten och mitt absolut minsta problem är var punkt och komma skall sitta, dessutom är jag begåvad med Asperger. Vissa ord är skrivna som de uttalas, klarar ni inte av det, läs något annat istället.

Denna berättelse är en sannsaga som handlar om de idioter och dess idiotier som man kan råka ut för om man har oturen att hamna i klorna på socialtjänsten. Den handlar också om de övriga livssituationer och dess omständigheter man kan hamna i just på grund av samma idioters idiotiska idiotier.

Innan jag påbörjar berättandet vill jag klargöra för er att jag själv var ungefär likadan som majoriteten av befolkningen innan jag hade det

tveksamma nöjet att råka ut för Hägersten-Liljeholmen-Älvsjös stadsdelsförvaltning och de individer som berikar dess verksamhet. Arbetade och betalade skatt. Jag hade ett eget förstahandskontrakt, visserligen i en källare i Tensta men ändå. Samma inställning som alla andra, gör som du blir tillsagd så är det ju lugnt, det finns ju lagar, så kan ju inte soc göra, så det gör de inte, å så fungerar det inte, å bla bla bla... Det begriper du väl?
Det är ditt egna fel klipp dig och skaffa ett jobb för fan!

Min erfarenhet efter 8 år av hur socialtjänsterna fungerar säger mig dock något helt annat. Ingen väljer att sitta fast hos socialtjänsten, och visst, det finns en lag, Socialtjänstlagen (SOL) men den är idag helt satt ur spel och har så varit under en mycket lång tid. Hur då undrar ni församlade, en lag kan ju inte bara sättas ur spel hur som helst? Jo i fallet SOL kan den faktiskt det, låt mig förklara.

Vid missnöje med socialtjänstens agerande kan du anmäla det till IVO, Inspektionen för vård och omsorg, problemet är bara att de inte gör enskilda utredningar mot socialtjänsten, det är inte deras uppdrag, inte heller finns det resurser till det. Hur vet jag då det? Jag fick det förklarat av ett fruntimmer som jobbar där.

Efter 6 anmälningar från mig ruttnades det ordentligt från deras håll och ett samtal gjordes för att ha en diskussion med mig för att förklara att vi inte alls skall anmäla socialtjänsten dit om vi är missnöjda med deras agerande. Hon förstod överhuvudtaget inte varför vi uppmanades att anmäla missnöje med socialtjänsten till IVO. Efter 45 min krokna hon väl och avbröt samtalet, men hon hann i alla fall med att förklara att det är fel att anmäla socialtjänsten till denna instans.

Detta samtal finns bevarat, då jag lärt mig att jag måste kunna bevisa vad som sagts om jag skall kunna framstå som trovärdig i mina åsikter, får se hur jag löser det, med cd eller usb då det kan vara intressant för gemene man/kvinna att få höra vad IVO själva har att säger om saken.

I samband med att jag nu sammanställer denna text begär jag också ut journaler och liknande, detta för att få till tidsaspekterna och händelserna så nära verkligheten som möjligt. Från IVO fick jag 6st avslagsbesked.
2016-07-25
Vilket alltså är 17 dagar efter att Hägersten-Liljeholmens stadsdelsförvaltning (sdf) avbröt min boendeplan och sparka ut mig.

2016-08-22

2017-07-31

2020-03-05

2020-05-27

2020-08-20

Efter sista avslaget ringde de och sa att jag inte skulle skicka mina klagomål på soc till IVO för de gör inga enskilda utredningar mot socialtjänsten.

Det finns dock en annan inrättning, JO, justitieombudsmannen, dit man tydligen skall vända sig vid missnöje med socialtjänsten, men efter 5 anmälningar dit förstod jag att deras intresse för saken var lika iskall som en pingvinröv i Antarktis. Har för avsikt att på något sätt redogöra för alla dessa svängar. Utöver det så finns ingen, och då menar jag absolut INGEN som är det minsta intresserad av att ta i skiten som uppstår i spåren efter socialtjänstens framfart. Mer om min kamp i det ämnet längre fram. Även från JO begärde jag ut avslagshandlingarna.

2016-08-09

2017-07-28

2020-03-25

2021-07-20

2021-09-27

Svaret är ungefär detsamma på alla.

"Du har klagat på Hägersten-Liljeholmens stadsdelsförvaltning i Stockholms kommun. Det du uppger ger inte anledning till någon åtgärd från min sida. Jag kommer alltså inte att utreda din anmälan. Ärendet avslutas."

2016 – 2017 – 2020 var det Hägersten-Liljeholmen 2021 var det Hägersten-Älvsjö. Samt tre olika namn. Således alltså totalt 11 olika anmälningar under årens gång.

En sak som livet har lärt mig är att om jag skall bli betrodd med vad jag säger MÅSTE det finnas bevis, därför har jag alla mail, brev, inspelade samtal och möten sparade, några har gått förlorade på grund av hård-diskhaveri, men i princip allt finns kvar, fast det har hjälpt föga då det visar sig att socialtjänsten när det börjar blåsa i stugknuten helt sonika byter personal.

"Vaddå? Nä det där det vet jag inget om."

" Hon/han/den/det är inte kvar här längre."

Det har nu varit Hägersten-Liljeholmen-Älvsjös stadsdelsförvaltnings strategi i 84 månader. När jag blev inskriven var det hos Hägersten-Liljeholmen, sedermera efter en omorganisation och sammanslagning blev det Hägersten-Älvsjö.

TVÅ

En historisk bakgrund till varför jag hamnade i socialtjänstens klor är väl på sin plats.

Efter någon form av tekniskt haveri i någonting tekniskt uppstod en mindre brand som gjorde min dåvarande bostad sedan 19,5 år oanvändbar.

På grund av vissa element, då pratar vi inte värme, på bostadsbolaget som jag förövrigt varit anställd hos under en period strulades det till med försäkringsbolaget vilket gjorde att jag först och främst förlorade 200,000.- i ekonomisk ersättning, men sedan även hyreskontraktet då dessa element ansåg att det var mitt fel att det hela dragit ut på tiden. Till slut försvann också två stora förråd på Shurgard detta på grund av att jag helt enkelt var totalkörd i botten och fullständigt totalhaveri inföll.

Jag fick tillgång till en evakueringslägenhet i Hägersten under en period.

Väl där, jag bodde först på soffan hos en kompis, försökte jag komma upp på fötter igen men med allt mothugg från bostadsbolaget var det ganska kämpigt, vid det laget visste jag inte att jag var begåvad med något som heter Asperger, jag trodde bara att jag var allmänt dum i huv'et.

En bekant som jag har agerat chaufför åt på hennes spelningar påtalade dock långt tidigare att jag hade denna begåvning då hennes dotter också hade samma begåvning så hon kände igen signalerna, för mig hade det dock aldrig varit något stort problem, tyckte jag. När jag nu långt senare skärskådar mig själv och mitt liv i backspegeln inser jag att det var precis vad det varit. Problem.

När perioden i evakueringslägenheten var över stod jag vilse och funderade över hur fan jag skulle gå vidare, eftersom kontraktet jag haft i 19,5 år hos bostadsbolaget som jag även alltså också varit anställd på, rivits. Det hette att jag inte lämnat nödig tillgång, eller något liknande, för deras försäkringsbolag att komma in. Att det var värderingsmannen, som inte hade speciellt stor erfarenhet av sakförsäkringar och som tillkommit på grund av deras egna elements attityd som gjort att det dragit ut på tiden togs det ingen hänsyn till.

Att jag tvingats in i en situation av deras egna agerande som varit svår för mig att lösa var av totalt ointresse, jag har förövrigt sparat diverse inspelningar, både av telefonsamtal och av möten där deras attityd framgår, finns ett och annat mail också tror jag, men jag har ju bytt mail-adress så osäkerhet råder därvidlag.

Efter en tids boende i bil och garage hittade jag så till ett ställe som heter Pelarbacken, eller enheten för akut hemlösa som det egentligen heter, och som är beläget på Söder i Stockholm. Där fick jag veta att jag tillhörde Hägersten-Liljeholmens stadsdel eftersom jag hade bott i en evakueringslägenhet i Hägersten under nästan ett års tid.

Efter att ha blivit inskriven där blev jag så samma dag hänvisad till ett ställe som heter Skarpnäcksgården och H-huset. Det var ett oerhört intressant ställe med väldigt udda figurer varav några idag fortfarande är mina vänner och som har gett mig en insikt i hur helvetes illa det är ställt med skyddsnätet i detta avlånga land, både vad gäller socialtjänst, psykiatri och drogvård.

Min uttalade önskan hos socialtjänsten var att få hjälp med att träffa en advokat som kunde titta på hur bostadsbolaget agerat, denna kostnad skulle hamna på runt en tusenlapp för 45 min men det kunde de inte godkänna. Det var i början av augusti 2015 så istället för att bevilja en advokatskostnad på 1000.- och kanske snabbt bli av mig sitter de fortfarande kvar med mig i juni 2023.
Det voro intressant att se deras besparing på detta deras beslut.

I juli 2016 blev jag så utslängd från det boende i Bromsten jag då hade eftersom jag hade ett nytt boende på gång, problemet var bara att socialtjänsten inte godkänt kontraktet, det var luddigt och oklart. När jag så frågade på vilket sätt fick jag inget svar. Så jag åkte ut för att jag skulle ha ett boende som de inte godkänt kontraktet på, men som någon skrivit in i min akt att jag hade, detta gjorde att jag också förlorade inkomst eftersom hyresvärden var i byggbranschen och behövde folk, samtidigt som jag hade kunnat bygga upp musikverksamheten igen, samt fortsatt med både bil och fastighetsskötarservice.

Så istället för arbete och bostad blev det 2 månader på Nacka sjukhus och avd 31, som för de som inte vet, är en avdelning för människor som anses vara psykiskt ostabila, eftersom jag då i mitt tycke haft så mycket problem med det sociala att jag kände att det fick räcka, för det kunde ju knappast bli värre, eller?

I de journalanteckningar jag begärt ut från socialtjänsten (soc) framgår att Rikhard Aaltonen, min dåvarande handläggare på ekonomiskt bistånd, begärt in ett hyreskontrakt (HK) från en hyresvärd. (HV) Kontraktet var dock otydligt och luddigt. Vad gör då Rikhard Aaltonen i denna situation, ber han HV skicka in ett nytt bättre HK? Nej, han ber MIG skicka in ett, men när jag inte kan det för att jag inte ens visste om att de hade begärt in ett kontrakt sparkar de så den 8/7 ut mig på gatan, TROTS att jag av Rikhard hade fått en boendeplan till den 20/7.

Jag har flera gånger under årens lopp bett om förklaring till vad som blev fel, detta utan någonsomhelst framgång och trots att de har lovat mig att lämna svar på mina frågeställningar, både muntligen och i mail.

Det skall enligt uppgifter från soc finnas tre olika hyreshandlingar inlämnade vid olika tillfällen, åtminstone enligt deras egna påståenden, vilka jag samtliga kan påvisa.Ett som finns journalfört den 30/6 inlämnat av HV. Också skall det finnas ett inkommet andrahandskontrakt från mig även det den 30/6.

Utöver detta påstår Carina Cronwall i ett brev i april 2019 att det finns handlingar rörandes det nya hyreskontraktet inlämnat av mig den 2/7 2016 och att jag inte inkommit med korrekt hyreskontrakt som ligger till grund för deras beslut att avbryta min boendeplan och sparka ut mig på gatan den 8/7 2016.

Den 11 juli 2016 får jag besked av Patricia Alphonse, som förövrigt var den som sparkade ut mig den 8 juli att jag kan bortse från denna deras begäran att inkomma med ett nytt hyreskontrakt.

I journalanteckningarna finns inga som helst spår eller tecken efter några av mig inlämnade dokument eller hyreskontrakt dessa båda datum, eller överhuvudtaget.

Nu har jag begärt ut alla dessa handlingar, dokument och hyreskontrakt, och får jag inte ut dessa så kommer jag att gå vidare rättsligt, jag har enligt lag rätt att få ut alla handlingar rörandes mig, det är en sak som dessutom skall ske skyndsamt, men vill de ta det officiellt i mediernas ljus istället är det deras enskilda ensak.

Så kommer jag då att bli bostadslös igen då ja. Då jag inte längre kommer att få något ekonomiskt bistånd beviljat och då naturligtvis inte kan betala hyra vilket gör att jag tvingats säga upp HK, får det bli till att bo i bilen igen, för jag tänker då fan inte vänta på KronKalle (kronofogden) och sedan dras med en vräkning via denna institution, för då sänker jag fullständigt mina möjligheter till nytt HK, om så bara på en pappkartong,

"Men vaddå? du valde ju själv att säga upp hyreskontraktet!"

Ja, korrekt. Jag valde att säga upp HK för att ha en fortsatt möjlighet på bostadsmarknaden. Ukraina väljer liksom inte att föra krig mot Ryssland. Deras val är att antingen sluta skjuta tillbaka och låta Putin ta över, eller att fly, men ni har ju VALT att kriga.

20 miljoner Ukrainare har VALT att vara på flykt, de hade kunnat göra ett annat val, de hade kunnat stanna kvar i de städer som inte längre finns kvar eftersom dessa idag ligger i ruiner, varför valde ni då att åka och sätta er i länder med språk och kultur av vilka ni förstår nada? Det är ju NI som helt och hållet och helt frivilligt har gjort detta val.

I februari 2020 var jag och min stödperson på boendet i Farsta på möte med Mats Hall, min då nya handläggare på ekonomiskt bistånd och får veta att de har slarvat bort de dokument jag begär ut, fast det skall ju finnas elektroniskt sparat också, men dessa får jag inte heller ut för uppgifterna har på något märkligt sätt försvunnit, det hela slutar med en Lex-Sarah-utredning vilken med all önskvärd tydlighet påvisar de brister som finnes inom stadsdelsnämnden vad gäller dokumenthanteringen, men att backa på sina krav gentemot mig för att jag sitter i en sits skapad av dessa själslösa individer själva på grund av dessa brister, nej se det går inte, för sådana är reglerna. Fast glädjande nog blev det stora omorganisationer på bygget.

Vem vet, det kanske någon dag uppkallas en lag efter eländet? Lex-Tommy, då har man ju i alla fall lyckats åstadkomma NÅGOT bra i livet.

Det är vägen fram till detta, och om det som har hänt från dess fram till idag juni 2023 Slagsta Norsborg, denna text handlar om.

Som ni kommer att märka är inte all text skriven idag, så tidsperspektiven kan te sig lite märkliga då jag har valt att behålla den text jag skrev och det var just då. Kan kanske kalla det för dagboksanteckningar, min ambition är inte att vinna Nobelpriset det är för att klargöra för folk hur helvetes illa det är ställt med det så kallade sociala skyddsnätet i detta avlånga välfärdsland med ett av världens högsta skattetryck.

TRE

Juli 2015

Jag blev inskriven på Hägersten-Liljeholmens stadsdelsförvaltning den 31 juli 2015. Boendet blev i form av härbärge i Skarpnäck.

Skarpnäcksgården.

En gruppering gamla muggiga kåkar med bokstavsadress som någon gång i sin glans dagar tydligen varit någon form av boende för äldre och liknande. Nu hyrdes dessa byggnationer på rivningskontrakt så det var lite si och så med det så kallade underhållet, hål i dörrar och väggar var mer regel än undantag, tätningslister i fönster och dörrar lyste med sin frånvaro, men ett helt ok boende med eget rum och egen toalett om man jämför med mitt alternativ, bilen.

Nu var det ju i och för sig sommar så det hade väl fungerat ett tag men slipper man så är det ju bra, jag hamnade på H-huset vilket jag senare lite skämtsamt fick förklarat för mig betydde Heroin/Hasch, det låg liksom i sakens natur. I grannkåken G bodde galningarna, vilket inte var så långt från sanningen, fast å andra sidan bodde det galningar i varenda kåk oavsett bokstav.

Boendet visste jag var tidsbegränsat men samtidigt har Stockholm stad något som kallas för taköverhuvudgaranti, något jag senare blev varse inte alls stämde eller som helt enkelt ignorerades av de själslösa individerna på Hägersten-Liljeholmens stadsdelsförvaltning. Socialtjänstlagen (SOL) existerar överhuvudtaget inte längre, man blir hänvisad till IVO men denna instans gör som sagt inga enskilda utredningar mot socialtjänsten.

Här kommer vi också in på ämnet "Det spelar ingen roll hur rätt jag försöker göra saker och ting för det blir ändå bara fel" vilket följt med mig hela livet, mycket på grund av mina så kallade föräldrar, men det är en annan historia, delvis återgiven längre fram, att jag dessutom konstaterats vara begåvad med Asperger hjälper väl inte heller direkt till.

Då jag fått besked om mitt boende tänkte jag göra precis allt rätt. Jag vidtog en tunnelbanefärd från Telefonplan till Slussen för att där byta till Skarpnäck. Väl uppkommen från perrongen, den ligger djuuuupt nere i Skarpnäcks mylla, och ut på gatan från stationen var jag för ekonomiskt lagd för att vilja begagna mig av de kommunala färdmedel som där stodo till buds, motion är ju nyttigt så jag började stövla ut mot boendet vilket jag under stövlandet kom att uppfatta ligga som en halv evighet från Skarpnäcks tunnelbanestation.

Hade ungefärlig koll på vilken riktning jag skulle åt, men sen så blev det till att fråga efter vägen på vägen. Väl i H-husets entré och reception, som man var tvungen att ringa på en klocka för att bli insläppt till, förklarade jag att jag skulle komma dragandes senare på kvällen eftersom jag hade en del pryttlar jag skulle få hjälp med av en polare, Jan, att få utkörda då han avslutat sitt dagsvärv sent på kvällen, men jag fick garantier att det inte skulle föreligga några hinder.

"Jag kommer att ha gitarrer, väskor å lite annat skit med mig, är det ok? Joda, inga problem."

På kvällen när jag kommer hasandes med mitt bohag i Jans gamla gråa Ford Taunus P5 (1966 års modell) blir jag så ini helvete utskälld av en kärring ur nattpersonalen som inte hade en susning vad fan jag snackade om. Jag förklarade då att jag varit där tidigare på dagen och fått ok på att ta med mig det jag hade, så den inflyttningen vart ju lyckad trots att jag gjort vad jag kunnat för att undvika just en sådan situation.

Efter en del tjaffs framåtilbaka blir jag insläppt i alla fall, och Jan hade haft roande samtal med vissa av de boende rörandes det gamla fordonet vi kom i.

Det var från början en 17m men den gamla V4:an och 6-voltssystemet har fått gett plats för en liten piggare V6:a och 12-volt, fast startmotorn var fortfarande 6-volt, rejält snurr med andra ord, ända tills den inte ville snurra längre, Janne har dock klippkort hos ett företag som renoverar generatorer och startmotorer, så det är inga problem. Likadant är det förövrigt med bromsbackarna, in och limma om bara. Recycling på hög nivå, jess box baby.

En nördkunskap hos vissa är att det är Fords V4:a som sitter i gamla Saab 95 / 96 dock något vidareutvecklad. En motor som förövrigt var tänkt att sitta monterad i Fords då nya bilmodell Mustang, som, ännu mera nördkunskap, var tänkt som mittmotorbil och något helt annat än det som till sist blev slutresultatet 1964 och som enligt vissa förståsigpåare är den enda rätta årsmodellen.

På morgonen då det var dags för frukost gick jag ner till receptionen och frågade vad det var för ett djävla avskräde som jobbat natten innan och förklarade vad som hänt, kan med perspektiv på saken tyckas mindre lyckat i efterhand eftersom det var hennes son som jobbade. Jaja, skareva skareva ordentligt. Som Smålänning gör man inget halvdant, oavsett Aspérger eller inte.

Tydligen har inte dagpersonalen alltid tid att informera nattpersonalen om allt, så min förestående ankomst förblev höljd i dunkel, vilket kan tyckas märkligt kan jag tycka men fullt i linje med mitt liv. Till slut kom vi i alla fall rätt bra överrens, morsan och jag. Ibland får man helt enkelt svälja stoltheten och försöka se saker och ting från andras perspektiv, det var ju inte hennes fel att hon inte fått inf om att jag skall komma dragandes med gitarrer och väskor.

En sak jag reagerat över en del under dessa år är avsaknaden av såkallad konflikthantering hos vissa av de som borde ha en dylik kunskap inpräntad i ryggmärgen, eller så bryr de sig helt enkelt inte, det är ju ändå bara knarkare, alkoholister och psykfall och dessa måste hanteras med järnfast hand och strikta regler. Att det finns något som kallas socialtjänstlagen kan vi helt ignorera och bortse ifrån i dessa fall.

FYRA

Den handläggare på ekonomiskt bistånd jag erhöll från början, Jama var rätt ok på ett sätt då han inte gjorde speciellt mycket väsen av sig utan lät mig vara ganska ifred, vilket jag tyvärr fick betala mycket dyrt för senare.
Enligt de utdrag ur socialtjänstens register jag fått mig tillhanda går det att utläsa följande.

Augusti 2015

"Handläggare: Jama Datum:2015-08-19
Nybesök 2015-08-19
Tommy bor i nuläget på H-huset genom stadsdelsnämnden Hägersten Liljeholmens försorg. Han bodde tidigare i evakueringslägenheten på Bäckvägen sedan hösten 2014. Innan dess bodde han i Spånga med första handskontrakt, han fick abrupt flytta ut på grund av brand. Tommy förlorade evakueringslägenheten av en anledning som utredaren inte begriper.

Tommy bodde under en period i ett garage, han kontaktade därefter hemlöshetsmottagningen som i sin tur kopplade in Hägersten

Liljeholmens stadsdelsnämnden i ärende då hemlösheten uppstod inom stadsdelens gräns. Han säger sig söka arbete, utredaren bedömer inte att Tommy i dagsläget är arbetsför då han inte mår bra psykiskt, han har återkommande självmordstankar. Han ger under nybesöket depressivt intryck.

Han uppmanas att söka hjälp inom vården. Han skall träffa en psykiater i regi av Skarpnäcksgården. Sökanden har ett antal skrott bilar som saknar värde enligt utredaren bedömning."

Enligt detta utdrag framgår alltså klart och tydligt att socialtjänsten var väl medvetna om att jag hade ett antal skrotbilar, jag vet att det står skrott bilar men det beror på att jag återgivit texten exakt som den är skriven, vilket jag kommer göra varje gång jag återger en text, och att dessa bilar anses sakna värde enligt utredaren själv.

Så var också situationen de följande tre åren, men sedan av någon outgrundlig anledning fick de plötsligt ett värde av 5000.- st. Mer om det senare.

Något som dock inte framgår är att jag jobbat med musik och har registrerad firma samt gav genom egen försorg ut en cd 2006. (It'll Go Away. Country Tom)

Den skickades till Sveriges Radios skivarkiv och alla dess lokala stationer, om den fortfarande finns kvar är en annan fråga, även Jama fick den, eller om det var de första tanterna vid inskrivningen, skit samma de fick den i alla fall, men det framgår i alla fall med all önskbar tydlighet att jag inte försökt mörka att jag har gamla skrotbilar ståendes. Målet var, och är väl fortfarande, att få fart på dessa ök, om jag lyckas med den bedriften får framtiden utvisa.

Den sista notering som finns från Jama är 2015-10-30 vilket också är samma datum som den första noteringen från Rikhard Aaltonen uppstår.

"Läkarintyg som styrker helt nedsatt arbetsförmåga 20151028-20151130 inkom den 28/10."

Under denna tid kämpade jag mig sakta men osäkert tillbaka mot livet igen. Började så smått må bättre och bättre och så småningom hittade jag tillbaka till glädjen i musiken igen vilket hela mitt liv varit ett av de ben jag stått på och som gett mig en mening och glädje med livet. Fick också tillstånd av personalen på boendet till att ha min gamla Cheva van parkerad inne på området då jag av ohejdad vana och såsom skrothandlarson med mer olja och bensin i ådrorna än röda och vita blodkroppar finner nöje och tillfredställelse i att skruva. Brukar säga att jag fått bilintresset via fadersmjölken.

Jag var den ende i H-huset, förutom viss personal då, som var stolt innehavare av tillstånd till att framföra både motorcykel och bil, dessutom med tungt släp, på allmän väg. Jag var också en bland de få som inte höll på med droger så jag tilläts hålla på då jag inte gjorde så mycket väsen av mig, förutom när jag plocka fram gitarr och plektrum då. Det uppstod stor förvåning bland de övriga "gästerna" då det stod klart att jag var innehavare av styrlapp. *"VA!?? Har du körkort???"*

En sak som jag under tiden på H-huset uppskattade mycket var närheten till naturen. Många (de flesta) av de övriga boenden tyckte det var pest och pina att sitta fast i Skarpnäck, jag älskade det. Som uppvuxen på landet vill man ha träd å grönska utanför dörren och fönstret, nu hade jag i och för sig inte så mycket grönska utanför fönstret mer än en stor djävla gräsmatta, förövrigt var det G-huset, och dessa galningar gjorde sig ibland ljudligt hörda.

En sak som dock fanns men på lite avstånd var Nackareservatet, vild natur med döende träd som sågats ned och fått ligga och förmultna till fördel för de mindre inslagen i naturens fauna. En gammal träbro som renoverats, det är väl egentligen fel att kalla det för träbro, but what the fuck, gick genom ett träsklandskap som fick en att förvänta sig att krokodiler och andra odjur skulle dyka upp.

Det var verkligen Louisianas swamp, skithäftigt. Det var så att man kunde förnimma the Duelling banjos när man stilla företog sig en promenad över plankorna samtidigt som man kände doften av gammalt surt stillastående vatten.

När man kommit över bron hamnade man vid en inhägnad där det ibland förekom träning av fyrbenta lurviga individer med svans, kallas visst aggiliti eller nå liknande, träningen alltså, inte djuren, de kallas för hundar. Fortsatte man färden kom man till en gångtunnel under Tyresövägen och hamnade vid en parkeringsplats där besökare till Flatenbadet kunde parkera sina åkdon.

Jag trivdes som fan i "Skrapnäck" då närheten till naturen var av påtagligt betydande karaktär.

Eftersom jag var ganska driftig av mig, synd att inte morsan och farsan insåg det 50 år tidigare, gjordes det en del affärer, den ene mer besynnerlig än den andre. Bland annat bytte jag till mig en akustisk gitarr av märket Levin av en röksugen individ, vad den kostade mig minns jag inte, men typ 25-30 cigg, skit samma hylsorna kostade då typ 10 öre st och tobaken hade jag hittat, fast det var väl en blandning, så det var rätt överkomligt i alla fall.

I nov 2015 fick jag så då ny handläggare på ekonomiskt bistånd, Rikhard Aaltonen och det var med honom alla helvetiska problem började och som gör att jag idag fortfarande i juni månad anno 2023 sitter kvar i deras klor.

Under tiden som boende på H-huset gick jag till Pelarbacken där jag fick mediciner mot depression och blev fortsatt sjukskriven för det också.
Efter mötet på Pelarbacken med nya handläggare Rikhard Aaltonen i november 2015 bokades ett nytt möte i januari 2016 men när tiden väl var inne för det mötet uteblev han, han hade tydligen skrivit in mötet i sin kalender men i fel månad, att det utsatta datumet för mötet då hamnade på en söndag verkar han inte alls ha reagerat över.

Jag undrar vad soc skulle säga om jag uteblev från mötena med den motiveringen? Avslag på grått Danskt dasspapper med motiveringen att man inte bidragit till utredningens slutförande. Nåja, nytt möte sattes till en tid i februari, och när tiden väl var inne för det mötet samlades vi allihop på Pelarbacken. Alla var där, alla utom Rikhard

Aaltonen, minns inte vad han skyllde på den gången, nageltrång eller nå't annat liknande världsomvälvande påfund. Nu blev det dock ett djävla drag under galoscherna på socialtjänsten.

Eftersom Jama inte varit nämnvärt aktiv ansågs det vara dags att sätta lite fart, bland annat på bostadssökande men märkligt nog inte efter jobb, fast jag var ju sjukskriven så.

Blev inskriven i Stockholms bostadskö i februari 2016, spelar ju ur ekonomisk synvinkel ingen som helst roll eftersom soc betalar, vettigt eftersom det ju är deras krav.

Vid den här tiden var min enda möjlighet till att söka bostäder att bege mig till Skarpnäcks bibliotek då det inte fanns wifi på boendet, om inte minnet sviker mig helt och hållet gavs det möjlighet till 15 eller 30 min på datorerna, vilket inte gick komma runt eftersom skiten var timerstyrt. Så medan jag slogs med att försöka få hjärnan att börja funka för att må bättre skulle jag söka efter bostäder jag inte kunde hitta på grund av min livssituation, ganska nedslående. För ekonomiskt bistånd spelade det dock mindre roll.

"Öh vaddå SOL? Nä, det är ju en ramlag så den skiter vi i. Är du missnöjd får du vända dig till IVO!"

En annan sak som var nedslående var också det faktum att kötiderna för att få en bostad i Stockholm ligger på uppåt tio år, hejåhå, där skulle jag hitta en bostad. Kul när man har plats 358 av 360 sökande. En del mer eller mindre trevliga bekantskaper slöts. En figur jag fick extra bra kontakt med hette Puh, eller han kallades för det, för Nalle Puh och Nasse var hans favoriter.

Ett av alla dessa barnhemsbarn som lovades ersättning av Svenska staten men som tyvärr hade en god man som glömde ansöka i tid och därför inte fick en spänn. Han är tatuerad långt upp på halsen och ser ut som om han skulle kunna mörda vem som helst när som helst hur som helst men när man lär känna honom är han inget annat än en stor nallebjörn som inte vill annat än att bli älskad.

Möta honom i en mörk gränd en mörk kväll är inget man vill göra, men totalt ofarlig så länge man inte trampar honom på tårna, fast vem fan blir inte sne av det? Han är resultatet av ett system där barn hamnade i fosterhem utan någon som helst urskillning, några av dessa fosterhem var allt annat än idealiska och bidrog absolut inte till starka människor.
Jag blir så förbannad idag när det påstås att man inte kan skylla på sin barndom. Det är lätt att säga om man vuxit upp i Danderyd, Täby eller på Lidingö med helt andra förutsättningar. Om inte ens barndom

har någon som helst betydelse för resten av livet varför ödslas det då resurser på psykologer och annat avskrap för att vissa barn idag råkat ut för övergrepp?

Han kom en kväll och var "salongsberusad" han brukade egentligen inte alkohol för han tålde inte det, sa han. Glad som fan. Han hade "hittat" en eldriven flakmoped som tillhörde posten, men efter en kraftfull gir på infarten till boendet la den helt plötsligt av, fast han var lika glad för det.

Jag hängde på tillbaka och upptäckte då att det fanns en huvudströmbrytare på vänstersidan under flaket, en så'n där fet djävel med stor röd nyckel av plast, antingen hade han kommit åt den eller så hade den vibrerat ur läge, nåja med ström igen blev det ett djävla drag, och han susade iväg glad som ett barn på NK's leksaksavdelning, tills det inser att deras mödrar hellre vill köpa kläder. Bra vridmoment i elmotorer baj dä väjj.

Sedan vidtog race över alla gräsmattor och "burnouts" på brunnslock tills det inte var kul längre. Kan meddela att fordonet under natten återbördades till ursprunglig hitteplats, lite mindre ström, något mer skit och några meter mindre körsträcka på bakdäcket bara, men den kom tillbaka i alla fall. Ett råd till postens centraler: Lås grindarna när ni går hem, framförallt i Skarpnäck.

När jag hamnade i Skarpnäck var jag innehavare av ett antal böcker som jag lånat på Handens bibliotek i Haninge eftersom en kompis under en period upplåtit sin soffa med tillhörande katter till mig. Lånade en cykel av en olycksbroder och trampade iväg, det var inte så farligt med flåset som jag befarat, däremot hade jag djävligt ont i arslet da'n därpå.

Cyklar fanns det gott om på gården, både fungerande och likaledes mindre fungerande, samt fragment av dessa konstruktioner. Några enstaka lik av encylindriga åkdon kunde också skönjas lite här och var runt omkring i buskar och snår.

En snubbe var milt sagt väldigt upprörd när han kom tillbaka efter en sväng till de centrala delarna av huvudstaden. Nå'n ohederlig djävel hade snott hans cykel som han hade parkerat och låst med rejäla lås vid T-banestationen.

"Fan att dom inte kan ge fan i andras grejjer..."

"Var den dyr? Ja vet inte, jag har hittat den..."

Kul figurer med egna livsfilosofier som sagt, många väldigt färgade av livet och myndighetsidioti. En annan fick sin medicin indragen av en ny läkare, som han inte träffat. Jaha, här har vi alltså en person som använder droger för att må bättre på grund av sin adhd och dessutom är smittad med HIV som får sina mediciner indragna av en ny läkare, vilket gjorde att han var tvungen gå tillbaka till drogerna för att överhuvudtaget ha någon form av fungerande liv.

Han hamnade också i den märkliga situationen när det gäller bostäder att han lyckats sluta med drogerna själv, men se så enkelt är det inte. Du blir inte belönad i det här landet om du lyckas med något av egen kraft. Nope, bostad? ABSOLUT inte, men har du drogberoende kan du få en bostad i ett trappstegsprogram för senare utslussning, men om du själv lyckats bryta med drogerna får du fan ingen hjälp. Sverige i ett nötskal.

Augusti 2015 var varm och fin, upptäckte att det fanns ett badställe i närheten och det frekventerades regelbundet av mig under en period, för första gången på många år blev det bad i naturlig miljö. Att kunna stövla iväg till en sjö sent på kvällen och vara ensam, så när som på några flygfän i vasskanten är en ynnest.

Ett antal timmar några nätter bedrevs också där. Att sitta där på en träsoffa blickandes upp mot en stjärnbeströdd himmel i en i övrigt kolsvart omgivning är oerhört välgörande för själen och dess inre, fick uppleva några "stjärnfall" också. Förutom en förnimmelse av trafiken på Tyresövägen var det bara några ankor som behagade störa stillheten och nattron.

December 2015

När det var dags för julens ankomst kom Puh dragandes med en djävla massa röda lyktor som han hade hittat i ett soprum, dessa placerades, innehållandes värmeljus personalen vänligen sponsrat oss med, omsorgsfullt ut på vardera sida om infarten så att det såg ut som en landningsbana på kvällen, det var ljus överallt. Puh och jag bemannade oss med varsin lång tändare, också de sponsrade, och höll liv i vår installation med nya ljus när de gamla brunnit ut.

På vägen mot Tyresö som passerar utanför området såg det rätt maffigt ut, tyvärr finns inga kort kvar då alla hårddiskar och datorer behagat upphöra med sina existenser.

Han är en kreativ fan Puh, så han bestämde sig för att det på vårt altanräcke skulle stå "GOD JUL & GOTT NYTT ÅR" Vi samlade ihop en massa grankvistar, se'n satt han och formade varenda bokstav med hjälp av ståltråd och dessa monterades sedan på räcket med hjälp av buntband. Det skulle också göras en julbock.

Vi fick tag på en gammal transportpall, hederligt lånad av blomsterhandelsträdgården som bedrev verksamhet i samma område, och den bekläddes omsorgsfullt med ännu mer granris, jag skulle stå för hornen å huv'et, vete fan om det liknade en ren direkt, men vi hade kul å rökte å söp medans vi åstadkom vårt mästerverk. Ingen kunde missa den då den stod på gräsmattan på husets framsida.

När julen var över hittade jag ett ställe i närheten, vid sidan av vägen mot sjön, dit alla gamla granar kördes. Hittade ett par fina exemplar med gröna barr på som omsorgsfullt blev transporterade ner till H-huset som på varje sida om entrédörren hade stora blomkrukor i stabilt cementstensmaterial, i dess jord nedtrycktes dessa granar, vad gjorde väl det att julen var slut? De var fina att titta på och det luktade jul när man passerade. Det gäller att ta vara på de små glädjeämnen livet har att erbjuda.

Någon gång på höstkanten fick vi också besök av en kissekatt. Vi inredde en låda till den på altanen så den kom undan den värsta kylan, sedan vidtog kampen för att hitta ägare. Tatueringen i öronen var lite otydlig, först var det någon som bodde långt fan i våld, men den katten var inte längre vid liv. Efter det var det en honkatt på tretton år, men det visade sig till sist vara en hane på nitton.

Oerhört myspysig kisse som spann så fort man titta på'n. Tyvärr visade det sig att matte väl inte var så oerhört intresserad av att få tillbaka honom då hon hade andra katter och dessa kom inte så bra överrens, men hon kom en kväll med cykel och korg för hämtning, senare fick jag höra att han "rymt" under färden hem. Hm, fan vet? Såg dock aldrig av honom igen, men jag har filmer på oss, både med Puh i blåsten på altanen innanför hans skinnjacka och med mig i Chevan.

Jag byggde upp en plats av högtalare och filtar på passagerarsätet där han kunde ligga i ostörd ro och mysa i solens värmande strålar.

En kvinnlig djurvän ur personalstyrkan tog dock med honom hem, först skulle han ligga vid hennes huvud i sängen, men den planen fick överges ganska omgående då det visade sig att hans spinnande var av "något" störande karaktär. Tänker påan ibland. DJÄVLARS va han kunde spinna, rena stenkrossen.

Februari 2016

Fredagen den 12/2 2016 var det så dags för mig att plocka ihop mina pryttlar och flytta ut från H-huset. Då visste jag inte om att det finns något som heter hemlöshetsjouren, eller uppsökarteamet, och personalen upplyste mig inte heller om det, jag ringde Rikhard Aaltonen ett antal gånger men fick inte tag på honom.

Allt eftersom dagen gick blev jag mer och mer fundersam över kommande situation, men Peter som var någon form av chef på bygget förklarade att jag borde fatta att de inte bara slänger ut en person på gatan, speciellt inte i februari när det är 5-10 minus. Dock, när dagen blivit sen eftermiddag/kväll fick jag veta att jag var tvungen försvinna, fick väl middag om jag inte missminner mig helt.

Det var bara att ta den välfyllda bilen och åka till en närbelägen parkeringsplats och göra det bästa av situationen, vilket innebar värme med hjälp av värmeljus jag fått av mina vänner som uppstått. Jag hade rotat fram ett antal burkar, modell större, som hade innehållit ärtsoppa, från plåtburksåtervinningen och i den placerades 10-15 värmeljus så att jag erhöll ett litet element varpå jag kunde lägga strumpor och vantar, sov gjorde jag i soffan i bilen, en Chevy G20 van. Jag hade också fått tag på ett liggunderlag som det var luft i, väldigt tunt och smidigt. I och med luften isolerar det också väldigt bra och strålar värmen från kroppen. Så länge man inte rör sig är den varm och skön där man ligger, men den minsta positionsförändring innebär en köldchock som fryser tasken av en.

En kompis från huset, förövrigt han som fick medicinen indragen, kom sedan på lördagen med mackor och en kopp kaffe, det satt fint, resten av dagen höll jag värmen med hjälp av Whisky och Gin och gjorde cigaretter, när man lever på ekonomiskt bistånd är man ju inte direkt nerlusad av ekonomiska tillgångar så vad gäller avdelningen röka fick den skötas med hjälp av allehanda upphittade fimpar, de som var tillräckligt långa röktes som de var, småfimparna dissekerades och tömdes på sitt innehåll vilket sedan placerades i cigaretthylsor, något jag blev medveten om existerade efter flytten till H-huset.

Vid det enorma centrumtorget i Skarpnäck ligger en liten butik där jag upptäckte så kallad råtobak och dessa cigaretthylsor, så det gick ju att få ned kostnaden för rökat rejält. Säger idag att jag var tvungen att börja röka igen för jag har inte råd snusa, brukar mötas av märkligt oförstående blickar. Vid samma centrum ligger också ett ställe som jag giggat karaoke på.
På söndagen stövla jag så iväg till Bagarmossen då jag fått tipset att frälsningsarmén hade soppkök där och då. Jaja, jag gick en sväng i centrumet tills hallelujat var över sen gick jag in och käkade. Varm soppa och bröd var inte helt fel en söndag i februari då kvicksilvret krupit ner en bit under nollan och boendet är en gammal bil utan centralvärme, att stå med motorn, en 5,7 L V8:a på tomgång för värme och el var liksom inte något direkt alternativ.

Fick dock låna ett, på en återvinningsstation funnet icke så välfungerande bensindrivet elverk, som nästan var omöjligt att få igång, av en bekant, men när jag väl fick det höll det på att förgifta mig då mina avgasrörslösningar voro till icke fullo tillfredsställande i sin funktion, men det gav både värme och ström till bilens batterier.

Värme främst på grund av att jag fick slita satan med startsnöret för att få fjutt på skiten. Det inhandlades ett långt kopparrör på Biltema som trycktes på avgasröret, sedan vred å vändes det på skiten för att få det ut genom sidodörrens obefintliga gummilister, tyvärr slutade det precis utanför så typ hälften av alla avgaser kom in igen på grund av rosthål och de obefintliga listerna.

FEM

FRÄLSIS

Febr 2016

På måndagen hamnade jag så på Frälsis i Midsommarkransen, ett boende för grava drogmissbrukare, alkoholister och psykiskt instabila. Detta boende var inte direkt en väg uppåt för mig, snarare tvärtom. När man kom dit fick man snällt tömma sina fickor på dess innehåll för att detta skulle inläggas i små skåp i entrén som bara personalen hade nyckel till, de väntade tills man lagt av sej allt, och sedan vidtog visitering.

Nästa station var det ekonomiska. Om man av någon oförklarlig anledning hade något så unikt som pengar på sig blev detta infört på en lista och snällt omhändertaget av personalen. Kan tillägga att dessa ev tillgångar återficks om man bad om det när man skulle gå ut.

På det boendet hamnade jag i en sovsal med 4 bäddar, funkade väl bra ur den aspekten, personalen gjorde sitt bästa för att försöka tota ihop så passande individer som möjligt, det fanns även några dubbelrum och något enstaka singel, men dessa var ständigt upptagna. Ett stort problem dock var att tillgång till internet lyste med sin frånvaro, annat än personalens som kunde, då tid fanns, hjälpa till med olika saker och sökningar som tycktes nödiga ur deras synvinkel. Det var också ett boende där man var tvungen vara inne 22:30

Jag har aldrig suttit i fängelse eller legat rättsväsendet till last på minsta sätt, så det var inte något som gjorde att jag mådde bättre precis, fast det var bättre än att bo i en bil. Träffade dock mycket kul och suspekta individer där, den ene mer besynnerlig än den andre. Ett rum var inrett till rökochtv-rum. Eller inrett och inrett, det var en träbänk ett bord några stolar samt en tv i ett hörn, färgen på väggarna gick i nyansen mörkbrunt pissgul på grund av all tobaksrök, hade visst varit Stockholmsvitt en gång i tiden fick jag höra.

Under tiden på Frälsis försökte jag få puckot till handläggare på ekonomiskt bistånd att förstå att jag ville komma igång och jobba igen, och det enda jag kunde komma igång med snabbt och tjäna pengar på var att spela på krogarna.

Ett hinder för detta var det faktum att jag var tvungen vara inne 22:30. Nada förståelse för det trots att det i SOL klart och tydligt framgår att det skall
"tagas hänsyn till individens egna möjligheter" eller typ nå't liknande, kontenta är det i alla fall. Nope, ingen förståelse.

Senare när jag läser i journalen ser jag att Rikhard (puckhuvet) skrivit att jag inte tyckte boendet passade för det störde min fritidsaktivitet med att spela musik med mina vänner på kvällen.
HALLÅ!!! Jag vill börja JOBBA igen!!!

Mådde på ett sätt rätt ok eftersom jag slapp bo i bilen, men på ett sätt skit för att jag kände mig låst och inte hade några möjligheter att komma nå'nstans, det enda jag kunde och ville komma igång med igen var spelningar, men det funkade inte eftersom jag var tvungen vara inne senast 22:30 men jag hade en säng att sova i och fick mat för dagen. Kocken var en kanonkock, så var det i vissa fall också ganska underhållande figurer som härbärgerade där.

En annan sak som var av den mer positiva aspekten var att detta boende hade kontakt med någon bageriskola så det bjussades generöst på allehanda bakverk och kakor.

Mars 2016

Efter en tid på Frälsis hamnade jag så i mars 2016 i Bromsten. Ett boende med eget rum och självhushåll samt wifi, om man hade tur då signalen inte var direkt överväldigande. Väl där började en ganska tung tid för mig med att försöka komma igång igen, nu var jag verkligen tillbaka på ruta ett och den känsla för det jag förr tyckt var roligt var som bortblåst, eller ruta ett och ruta ett, spelet var fan hopplockat och nedlagt i kartong som placerats längst in i ett mörkt hörn i en garderob utan belysning.

I mars 2016 vid det tredje bokade mötet med mina läkare, såkallat SIP, Samordnad Individuell Plan, som ägde rum på Pelarbacken behagade Rikhard Aaltonen faktiskt dyka upp.

Det här med att hålla på med musik ställde sig Rikhard helt främmande inför.
"Du kan väl spela på dagarna?" hävde han ur sej.
Jag frågade hur många krogar han har sett som haft karaoke eller trubadurer på dagtid.

"Jamen, du kan väl sitta hemma hos nå'n kompis?"

Jaha, och hur skulle det kunna generera någon form av inkomst? Djävla puckhuve! Det finns EN sak som jag känner att jag behärskar någesånär, men han kunde inte se det som en inkomstmöjlighet. Den dörr jag kämpat för att hålla öppen slog han igen rakt i ansiktet på mig.

"Musik det är en hobbyt, det får du hålla på med på din fritid."

Visst inga problem för mig, problemet var bara att någon fritid inte existerade. När jag hängde med en kompis ut på dennes spelning kl 8 en fredagskväll tog det hus i helvete för jag skulle söka bostäder, KLOCKAN ÅTTA!!! på kvällen en fredag! Frågade när jag hade fritid, men det svarade han aldrig på.

Vet ännu inte idag 7 år senare, när ekonomiskt bistånd anser att min fritid infaller. Om jag inte har fritid kl 8 på kvällen, när fan har jag då fritid? Har jag mer fritid på dagen än på kvällen eftersom Rikhard tycker jag kan spela musik hos en kompis på dagarna?

April 2016

När jag ansökte om ekonomiskt bistånd för maj den 20 april fick jag via brev den 25:te veta att jag var tvungen att lämna in deklarationen senast den 27/4, detta var ingenting jag fått vetskap om innan. De brev med normberäkning jag skall få innan en utbetalning hade skickats till deras egna postbox, inte heller hade jag fått beskedet om utbetalningen efter den gjorts.

Till saken hör också att Rikhard, då jag flyttade till Bromsten, fått för sig att jag flyttat till Rinkeby istället, så inte heller de breven från mars

2016 kom mig tillhanda, men sådana detaljer är ju rena petitesser för en handläggare på ekonomiskt bistånd. De individer som där framhärda med sina patetiska tillvaron göra ju aldrig några fel. Problemet var bara att det i just dessa brev står att jag skall lämna in deklarationen. Mailade Rikhard att jag ännu inte deklarerat, sedan hörde jag inget mer om det.

Den 29/4 skrev Rikhard ett brev att ansökan gällande ekonomiskt bistånd för riksnorm avseende maj 2016 avslås på grund av att sökande inte medverkat till utredningens slutförande.
Vidare uppgavs också att sökande inte trots skriftlig begäran enligt utsänt brev den 22/4 inkommit med deklaration eller KU avseende taxeringsår 2016.
"Den sökande har heller inte sökt bostäder."
"Den sökande har möjlighet att till och med den 27/4 inkomma med komplettering för ansökan och att detta informerades den ansökande i brev utsänt den 22/4. I annat fall kan ansökan avslås."

Det faktum att jag inte ens fått någon deklarationsblankett ställde också till det en aning för mig.
Den andre maj snokade jag dock upp ett serviceställe i Sumpan (Sundbyberg) och stövla dit, på den tiden kunde jag det, tog lite tid men va fan frisk luft och motion är ju nyttigt. När jag kom dit var det

mer folk i och utanför lokalen än döda på en kyrkogård, bara ta en lapp och vänta på sin tur. Tur å tur?

Återigen tänkte jag göra allt rätt så jag förklarade för personalen att jag inte fått deklarationen på grund av att jag varit bostadslös efter en brand, men att jag också hade F-skatt och skulle därför deklarera för en icke befintlig omsättning. Blev lotsad av en person genom rutorna på blanketten, skrev under och lämnade in, begärde också kopior att skicka in till dumfan på soc.

När jag återvände hem efter deklarerandet fann jag ett brev där min ansökan avslagits på grund av att jag inte inkommit med min deklaration. Mailade på nytt till Rikhard att jag precis hade deklarerat men att jag satt i en sits utan pengar och att jag inte hade någon möjlighet att lämna in den då jag tillhör Hägersten-Liljeholmen sdf men bor i Bromsten och att det tar 3,5 - 4 timmar att gå och jag vet inte hur fötterna och lederna ställer sig till en dylik utflykt. I samma brev står att läsa att ansökan för ekonomiskt bistånd avseende maj 2016 avslås då sökande inte medverkat till utredningens slutförande. Rikhard hade väldigt lite förståelse för mina transportproblem.

"Du bodde ju på Frälsis i Kransen men det dög ju inte. Därifrån hade du kunnat gå."

Visst, men mina möjligheter till att börja jobba med musiken igen var ganska begränsade där. Öh, vad hände med 1 kap 1§ i SOL?

Maj 2016

Jag var också, på grund av att jag inte fått några pengar, tvungen att ställa in mitt möte med min läkare på pelarbacken som jag skulle få medicin och nytt läkarintyg av, samt även ett möte med en person jag äntligen fått kontakt med angående KBT även det på pelarbacken. På den här tiden bedrevs pelarbacken av Ersta diakoni som hade lite andra möjligheter, så några personer kom ut till mig i Bromsten med medicinen i alla fall.

Jag fick även en kallelse till något som heter Boskolan i Liljeholmen den 12/5. Kontaktade då åter Rikhard och förklarade att jag inte hade möjlighet att delta eftersom mitt enda sätt att ta mig runt är via fot, och jag vet inte hur mina leder fungerar från dag till annan eftersom jag är född med något som kallas överrörlighet samt låga fotvalv eller nå't liknande, och som bidrar till konstant värk 24/7 ibland funkar det, ibland inte, efter mycket om och men fick jag i alla fall den 9/5 pengar till SL-kort och matpengar för en vecka totalt 1,184.-

Den 12/5 vid mötet på boskolan lämnade jag så in min deklaration och fick lite insyn i att söka bostäder, inte helt bortkastat visade det sig. Tyvärr har jag sedan jag anmälde mig till bostadskön i Stockholm inte fått någon faktura så avgiften hade inte blivit betald, läraren hjälpte mig dock att hitta den på "mina sidor" och fakturorna lämnades in i receptionen då jag gick därifrån.

Dessa stämplades omsorgsfullt och lämnades vidare till Rikhard, sedan gick jag upp till Pelarbacken och lämnade in en drös papper som jag hade fått gällandes ansökan om förtur i bostadskön, eller nå't liknande, och sa att det skulle lämnas till nå'n av mina läkare, samtidigt bad jag också i receptionen om ett nytt möte, detta önskemål skulle vidarebefordras till berörda parter, sedan gick jag till Stockholms södra och tog pendeln till Spånga, därifrån är det gångavstånd till boendet i Bromsten. Fick nytt meddelande om att jag inte lämnat in alla papper i deklarationen, missade bland annat den preliminära skatteuträkningen.

Den 19/5 hade jag så ett nytt möte med Rikhard Aaltonen där jag fick skriva under ett papper, en så kallad boendeplan, som tyvärr visade sig inte riktigt vara det den skulle vara, om att jag måste sätta fart på bostadssökandet och fixa eget boende senast den 20/7 eftersom Rikhard ansåg att jag kunde det.

Jag frågade vid detta möte om jag skulle vara tvungen att flytta ut i skogen i tält den 21/7 om jag inte hittat någon bostad, men fick försäkran om att så inte skulle behöva ske. Nytt möte avtalades till påföljande måndag kl 10:30.

Den 19/5 fick han i alla fall så de papper jag hade missat att lämna in. Frågade också vid detta tillfälle om det var lönt för mig att ansöka för juni månad trots att jag inte hade läkarintyg, det skulle inte vara några problem eftersom han visste hur saker och ting låg till, jag frågade då också om när jag kunde ha pengar, för jag satt utan igen,
"I början av nästa vecka, tar jag beslut imorgon den 20:nde kan du ha pengarna på måndag"

Då menade jag resten av majpengarna, men han pratade om juni, maj hade han tydligen förträngt helt och hållet.

Jag hade väldigt mycket tankar snurrandes i huvudet och mådde inget bra den helgen på grund av frågan om mitt boende. I min situation, inget jobb, kronofogden, ekonomiskt bistånd och psyk, blev det inte mycket som kan liknas vid sömn, vilket gjorde att jag inte vaknade förrän 3 minuter i halv elva trots att jag haft flera larm tidigt. Försökte ringa Rikhard men det fungerade inte med telefonen, så jag mailade och förklarade varför jag uteblivit. Senare visade det sig att jag hade 0,01 öre på telefonens kontantkort.

Fick svar att det inte gjorde så mycket bara jag inkom med lista på sökta bostäder. Svarade då att jag inte hittat någon bostad att söka. I min nuvarande situation behöver jag bo på ett sätt som gör att jag har människor omkring mig när jag börjar sjunka, om så bara för att "prata skit" i tio minuter, för att bryta den nedåtgående spiral som landar mig i total oförmögenhet där allt blir nattsvart och det bara dyker upp en enda lösningen, sedan hörde jag ingenting mer från honom i den saken.

Morgonen efter, klockan halv tio tror jag det var, knackade föreståndarinnan på boendet på min dörr och sa att jag skulle vara utflyttad senast kl 14:00, jag förstod ingenting. Hon sa då att det måste vara den andra Tommy det gällde, så hon gick och slängde ut en annan Tommy, hon kom dock tillbaka och sa att det var jag som skulle ut. Nu gjorde det inte så mycket att hon slängde ut den andre Tommy för han skulle visst ut dagen därpå i alla fall.

Jag kollade min mail om jag fått något meddelande från Rikhard, men där fanns inte en rad. Jag hade fått en lapp med ett telefonnummer som jag försökte ringa, men det hände inget. Så småningom ringer

Rikhard och förklarar att anledningen till att jag blivit uppsagd är för att jag inte lämnat in någon lista på sökta bostäder. Jag frågade varför jag inte fått något meddelande om att jag skulle ut, han sa att han skickat mig det, Hur då frågade jag, med brev blev svaret.

Dumfan hade alltså på måndagen den 23/5 skickat ett brev om att jag skulle ut på tisdagen den 24/5. Jag frågade varför han inte hade mailat det beslutet, men han hade inte tänkt på det, eller nå't liknande.

Vid mötet den 19:de kom vi överrens om att jag inte skulle behöva flytta ut i tält den 21/7 om jag inte hittat något boende och att jag en gång i veckan skulle lämna in en lista med sökta bostäder. 4 dagar senare, på måndagen, tar han alltså beslutet att jag skall ut, han kan inte göra något fick jag veta, sådana är reglerna, men till slut förstod väl även han att 4 dagar var lite väl kort tid med tanke på att jag skulle få 7 så jag fick en natt till på boendet sedan hörde jag ingenting mer om den saken.

Vid mina samtal med honom kom vi också överrens om att varje brev han skickar till mig skall han även maila eftersom det enligt honom berodde på posten att jag inte fått de brev jag skulle haft om att jag skulle lämna in deklarationen när jag ansöker för maj. Märkligt resonemang med tanke på att han skickade mina brev till ett boende i Rinkeby, hur kan posten då bära ansvar för dessa uteblivna brev?

Han skyller på att det ibland försvinner brev i posten, möjligtvis är så fallet, men att ALLA brev till mig i NIO månader försvinner på grund av posten låter lite väl tunt. Sedan 4-5 maj har jag fått brev med boendekostnad men inget annat.

Jag fick i början av maj 2016 två st brev av vakten i receptionen till stadsdelsnämnden som var adresserade Box 490 vilket är deras egna box. Vad i helvete gör mina brev i deras postbox? Det ena brevet var utskrivet den 23/3 2016 och det andra den 8/4 2016 i dessa brev står skrivet att det är viktigt att lämna in deklarationen vid ansökan för maj, det hade ju varit bra att få dessa försändelser i tid, istället för i otid.

Jag kontaktade mina läkare, för Rikhard tyckte att det tog sådan tid.

"Inget händer ju. Jag tycker inte att du är ett dugg bättre nu än när jag träffade dig sist."

Då pratar vi om ett tidsspann på några veckor.

"Öh, nä, depressioner tar liksom lite tid att få rätsida på."

Vad fan förväntar sig egentligen en handläggare på ekonomiskt bistånd? Käka lite piller så blir du bra med en gång, det är väl för fan

ingen djävla influensa? Det säger ju en hel del om de individer som härbärgerar socialkontoren runt om i vårt avlånga land. Frågade om han hade pratat med Charlotte, min psykiatriker.
"Nä, vad skall jag prata med henne om? Om mig!"

Det förstod han inte alls. Han kan inte hjälpa mig med min situation, och det är mycket möjligt att han inte kan, men han hade ju kunnat följa socialtjänstlagen där det klart och tydligt i första kapitlets första paragraf framgår vad socialtjänstens uppdrag är. Han pratar om beställarenheten för han har bara hand om ekonomiskt bistånd så bostad kunde han inte hjälpa till med, men varför ser han då inte till så att jag hamnar där då?

Jag har på uppmaning av honom varit i kontakt med socialpsykiatrin vuxenenheten men jag är inte tillräckligt dålig för att få vara där och det är tydligen där jag måste vara. Om jag förstått saken rätt är problemet att jag har ekonomiskt bistånd i Hägersten-Liljeholmen medans mitt psyk sitter på pelarbacken och dessa behöver inte/får inte/kan inte/vill inte, pick your choice, prata med varandra.

Den 25/5 fick jag så 2,706.- resterande för maj, förutom 790.- för SL-kortet.

Fredagen den 27/5 fick jag ett brev där ansökan för juni avslagits på grund av att jag har F-skatt. Detta var något de vetat om i tio månader. Han hänvisade också till att jag inte lämnat in sjukintyget vilket han den 19/5 sa var ok. Vidare framgick att jag inte heller hade sökt arbete, eller stått till arbetsmarknadens förfogande. Va i helvete!!!?? Jag är ju för fan sjukskriven!!!

Bedömningen var att sökande (jag) inte hade medverkat till utredningens slutförande. Det är ett väldigt populärt uttryck hos dessa individer har jag under dessa år förstått. Jag ringde då Pelarbacken på nytt och sa att jag var tvungen att prata med någon av mina psykläkare, men de hade gått för dagen så jag ombads återkomma på måndagen,

"jag vet inte om jag lever då, för där är jag just nu."

Efter ett tag ringde dock den ena läkaren upp mig och vi pratade. Jag sa att jag är ju på fel plats, men varför får jag ingen hjälp att hamna rätt då?

Alla skyller på alla och på regler och på varandra. Nu kan jag i alla fall söka bostäder, men Stockholmskön har en gräns på 4st aktuella sökningar samtidigt och den har jag uppnått. Har även försökt ladda ner bankid så jag kan gå in på skatteverket och säga upp min F-skatt, men det fungerar inte då jag har S-E-B och bankid för datorer på fil eller vad fan det hette tillhandahålls icke utan jag måste ha deras kortläsare vilket jag inte har.

Jag hade en tidigare men SEB's säkerhetsprogram fungerar inte med XP vilket är det som min enda nu fungerande dator har, och så gick läsaren åt helvete i samband med branden också, så även om jag kan komma in på skatteverket och avregistrera F-skatten kan jag inte skriva ut bevis på att det är gjort.

Denna information hade jag kunnat få den 25/5 om Rikhard, som vi var överrens om, hade bemödat sig med att skickat brevet på mail också men det gjorde han inte. Hade jag fått mina brev i tid i mars hade jag inte suttit här med den här skiten alls, men att inse att problemen uppstått på grund av uteblivna brev som i sin tur beror på att dessa skickats fullständigt åt helvete är totalt helt uteslutet.
Han säger att han *"gör allt för att hjälpa mig"* men det verkar inte så.
Jag har betalat skatt i mer än 30 år varav mer än 20 i Stockholm men nu när jag behöver hjälp finns ingen att få, för reglerna är sådana, och ingen behöver prata med den andre för så är reglerna och jag får sitta emellan.

Varför skall jag fortsätta betala skatt? Varför skall jag överhuvudtaget fortsätta leva? Det finns ingen logik i att mitt liv ser ut som det gör, på något märkligt sätt måste det vara förutbestämt, kalla det ödet eller vad fan ni vill, jag hamnar ju ständigt i dessa situationer och råkar allt som oftast ut för dessa idiotiska individer.

Rikhard tycker det drar ut på tiden, men ser ingen anledning till att prata med min läkare.

De första tre månaderna hände absolut ingenting vilket jag bär zero ansvar för. Sedan missar Rikhard 2 bokade möten med mina läkare på pelarbacken, där tillkom 2 månader till. 5 månader har alltså vid den tidpunkten försvunnit helt och hållet enbart på grund av dessa tomtar och deras egna agerande. Skall det verkligen behöva vara så här för en person som kämpat för att göra rätt för sig men sedan blir straffad för att han inte har ett drogmissbruk?

Hade jag haft drogrelaterade problem hade jag kunnat få hjälp till en bostad "imorgon" men jag är för frisk, typ. Så hur sjuk måste jag då vara för att få hjälp? Måste jag ha ett dokumenterat självmordsförsök för att tomtenissarna ska förstå att jag fått nog och är trött på all skit? Jag tänker inte begå några misslyckade självmord, när jag väl bestämt mig kommer jag att lyckas å sen kan ni ju stå där med era djävla regler, åsikter och annat skit. Jag slipper er och ni slipper mig. It's a win-win situation.

Jag skall söka bostäder ute i landet, varför? Jag har några få vänner här i Stockholm som hjälper mig överleva och som får mig att fortsätta kämpa, dessutom är det här krogmarknaden finns. Jag kan börja tjäna pengar imorgon om jag bara tilläts.
Skall jag sätta mig i en ny stad där jag inte känner någon och börja om med nytt soc, nytt psyk, å leta nya jobb å nya vänner?

Den 29/5 mailade jag Rikhard angående det brev jag fått den 27/5 om F-skatten, via ett autosvar fick jag veta att han var på semester och åter den 30/5, den dagen skickade jag, på mail, foto på anmälningarna jag gjorde om att säga upp F-skatten, jag hade vid detta tillfälle ingen scanner.

Juni 2016
Den 6/6 stöter jag på Rikhard om junipengarna, den 7/6 uppger han att jag får dessa när jag styrkt att jag inte har F-skatt. Jag frågade då varför han inte meddelat mig om att han inte kunde godta de foton jag skickade den 30/5, hans svar blev att han skulle bevilja biståndet.

Den 8/6 får jag veta att den senaste momsredovisningen saknas, och den måste jag skicka in, annars bidrar jag inte till utredningens slutförande. Fan, hade jag fått mina brev i tid hade dessa papper inkommit och funnits dessa tomtar tillhanda i tid.

Jag lackade ur ordentligt och frågade varför han inte sa det den 27/5, jag var på skatteverkets servicekontor i Sundbyberg och deklarerade den 2/5 och jag sa att jag skulle deklarera för enskild firma, att jag då även skulle lämna in en momsredovisning var det alltså skatteverkets egna stolpskott som missade, och jag hade själv ingen koll på det då det var ett ganska nytt påfund med separat momsdeklaration.

Bara att knata ner till samma stolpskott igen för en tredje gång, under denna tredje vandring vart jag så förbannad så jag hann med att komponera ihop en låt, "Som medborgare" återstår att se om den någon gång kommer finna vägen ut till någon större skara lyssnare, har lagt ut den på min ena youtubekanal iaf.

Den 9/6 fick jag så 2,477.- för juni inkl SL-kort vilket är 2,203.- för lite eftersom jag nu hade självhushåll. Jag fick senare då jag begärde ut alla ansökningar och normberäkningar 2 st för juni. Ett på 2,477.- som jag fått och ett på 4,680.- vilket är den summa jag skulle haft. Frågade honom hur det kommer sig att jag har fått två olika normberäkningar med olika summor fast jag bara fått en betalning. Det vet jag ännu inte idag 7 år senare.

Den 13/6 Mailade jag Hägersten-Liljeholmens stadsdelnämnd att jag var tvungen att komma i kontakt med Rikhards Aaltonens chef Magnus Jonsson.
Den 13/6 lämnade jag också in sjukintyget samtidigt som jag ansökte för juli.
Dessa pengar kom den 15/6 så det var ju ganska raskt marscherat, men fortfarande ingen förklaring till varför jag ännu inte fått full ersättning för juni.

Den 17/6 mailade jag Magnus.jonsson@stockholm.se angående Rikhards Aaltonens agerande, men fick inget svar.
Den 19/6 mailade jag så på nytt Magnus Jonsson men responsen var tyvärr lika obefintlig som innan, det vill säga total tystnad.

Lyckades hitta möjligheter till boende och arbete i Tyresö genom annons på blocket och lämnade hyresvärdens kontaktuppgifter till Rikhard, nu fick han visserligen fel telefonnummer först, men när jag upptäckte det fick han rätt. Den 27/6 mailade jag Rikhard att jag ville ha ut alla ansökningar och normberäkningar.

"Utdrag ur Socialtjänstens register enligt personuppgiftslagen 26§
Journalanteckningar
Handläggare: Rikhard Aaltonen Datum: 2016-06-29

160629 Jag ringer till Peter (tel. 070-*******) Tommy Liljehorn skulle ha goda möjligheter att få boende i Tyresö med egen ingång, 18 kvm möblerat rum, egen dusch och wc. Även vardagsrum, kök och tvätt med andra hyresgäster.

Jag ringde redan dd till Tyresö för att fråga vad som gällde för hyresnivå. Jag fick information om att Tyresö kan godkänna månadshyra på 6000 kr. Uthyraren vill ha förskottshyra då kontraktet skrivs. Kontraktet gäller tills vidare med 2 månaders uppsägningstid från uthyraren och hyresgästen. Boendet är genast ledigt.

Överenskommelse att Peter skriver kontrakt och skickar det till mig, han har fått mina kontaktuppgifter.
Jag har dd även pratat med enhetschef Carina Cronwall om kontraktet och att uthyraren kräver 12000 kr som deposition."

"Handläggare: Rikhard Aaltonen Datum 2016-06-30
160630 e-post
Jag skriver:
Hej!
Jag ringde igår till Tyresö och åtminstone på telefon sa socialsekreterare Mats Hall att hyra 6000 kr för ensamstående är

skälig. Vad gäller gamla utbetalningar kan jag bara konstatera att du varje månad har (och har haft) rätt att överklaga beslutet.

Mvh/Rikhard Aaltonen

Sökande skriver 160630
Nu har jag pratat med Mats och saker och ting är inte riktigt så enkelt. Dessutom har jag fått svar från socialstyrelsen att normen är 3680.- plus 790.- för SL-kortet. Nu vill jag veta hur du räknat, när det blivit 3680.- inkl SL-kort. Även när jag ansökt om SL-kort har det ju blivit 3680.- Och juni 2477.- hur har du räknat där?
Jag fick också veta att jag kunde vända mig till IVO eller vad det hette och göra en anmälan om jag tycker fel har begåtts, och det tycker jag faktiskt i det här fallet. Har även kontaktat en Patricia Alphonse och inf henne om turerna.
/Tommy

Jag svarar 160630
Jag kan inte informera dig tydligare än jag gjort. Vissa månader har du fått avslag och därefter eventuellt reducerat bistånd. Som jag skrev tidigare: det är din rätt att överklaga beslut om du är missnöjd.
/Rikhard Aaltonen

Och har du synpunkter om handläggningen kan du kontakta IVO.

/Rikhard Aaltonen"

"Handläggare: Rikhard Aaltonen Datum 2016-06-30

160630 e-postkonversation

Jag svarar på tidigare fråga:

Jag utgår ifrån att du vet normen och kan räkna hur mycket bistånd du kan få, eget ansvar således. Om du inte räknar och inte överklagar är det upp till dig.

/Rikhard Aaltonen"

Den 30/6 mailar jag alltså Rikhard och vill veta hur han har räknat på normerna, han svarar att jag får överklaga om jag vill och att han tar för givet att jag vet vad jag skall ha i bistånd varje månad, eget ansvar således. Hur fan skall jag kunna veta hur mycket normen är om ingen vill tala om det?

Den 30/6 får jag så veta att Magnus Jonsson gått på semester och att Patricia Alphonse tagit över som biträdande enhetschef. Jag mailar då henne angående Rikhards agerande. Inget svar.

Juli 2016

"Utdrag ur socialtjänstens register enligt Personuppgiftslagen 26§

Utdraget rör Tommy Liljehorn

Handläggare Rikhard Aaltonen Datum: 1026-07-01

160630 skickade Peter *******@gmail.com> kopia av hyreskontraktet. Helheten är otydlig och jag uppmanar sökanden inkomma med kopia av hyreskontraktet, om han fortfarande är intresserad av boendet.

"Hej!

Vänligen inkom snarast med kopia av hyreskontraktet till Enheten för ekonomiskt bistånd (om du fortfarande är intresserad av boendet i Tyresö).

I tjänsten

Rikhard Aaltonen

Socialsekreterare

Enheten för ekonomiskt bistånd

Hägersten-Liljeholmen sdf"

Det här meddelandet från Rikhard Aaltonen fick jag alltså fredagen den 1/7 2016. Då jag svarat honom den 1/7 fick jag ett autosvar.

"Hej! Jag är på semester, åter i tjänst 2016-08-08

Mvh/ Rikhard Aaltonen"

Så Rikhard ber mig inkomma med en kopia på ett hyreskontrakt han själv begärt in, bakom min rygg och som jag aldrig har sett, från en hyresvärd, men på grund av otydlighet inte kan godkänna, för att se'n dra på semester. Snyggt jobbat.

Skriver återigen till hagersten-liljeholmen@stockholm.se med anledning av att inget blivit bättre.
"Ämne: Överklagande till regeringsrätten"

"Jag kontaktade er den 5/5 men inte hört ifrån er.

Jag har EN fråga.
Är Rikhard Aaltonens agerande korrekt och enligt era regler?
Detta är en överklagan till Förvaltningsrätten, men den skall ju lämnas till stadsdelsnämnden."

Sedan följer det en helvetes massa text som jag inte tänker återge här men det avslutas med "Hälsningar Tommy Liljehorn.
Mycket Mycket trött på ALLT!!! =("

2016-07-03 kontaktar jag så Tv4 och Nyhetsmorgon angående min situation samt medsänder flera av de meddelande jag sänt Rikhard Aaltonen, Patricia Alphonse och Magnus Jonsson. Responsen på det meddelandet kan man bara beskriva som kyligt, för att inte säga iskallt, det vill säga inte alls.

"Hej.
Jag heter Tommy Liljehorn och vet inte längre vart jag skall vända mej.
Jag är sedan en brand och snesteg från en förvaltare bostadslös sedan slutet av aug 2014.
Nu har jag varit inne i soc/psyksystemet i snart ett år, inte speciellt mycket har blivit bättre.
Dom senaste två månaderna har varit ett rent helvete pga min socialassistent.Jag har jobbat och betalat skatt i 30år men det är ingentingen värt när man behöver hjälp.

Vill delge er mina två senaste månader. Jag har försökt få tag på min socassistents chef, men inte rönt speciellt stor framgång.
Finns det något intresse hos er att titta närmare på min socialförvaltares agerande? Hela systemet behöver göras om, men vad kan JAG göra?
Det verkar som om man en gång hamnat i skiten skall man vara kvar, skattebetalare eller inte.

En del namn är XXXXXXX det beror på PUL, jag har lagt ut det på min FB Detta mail skrev jag till Hägersten-Liljeholmens stadsdel i fredags,

men jag vet inte om jag orkar vänta på svar. Jag har bara en lösning kvar nu. Mitt liv som jag har just nu är helt utan mening och förstört så varför varför fortsätta kämpa?"
Så följer mitt överklagande till regeringsrätten. Samma dag skickade jag även samma rader till Svt och Uppdrag granskning.

"Hej.
Jag undrar ifall ni är intresserade av att titta närmre på min situation?
Jag har även skickat detta till tv 4, för jag vet inte vad jag skall göra längre.
Mvh Tommy."
Fick svar från Svt, för övrigt i princip de enda som svar iofs autosvar, men ändå. "Tack för ditt tips!
Vi har nu tagit emot ditt mejl och det kommer att läsas av några av våra redaktörer.
Tyvärr har vi inte möjlighet att ge personlig respons på alla tips. Om det blir aktuellt att göra ett reportage hör vi av oss inom kort.

Med vänliga hälsningar
Uppdrag granskning-redaktionen"

Det är svar som dessa som fått mig fortsätta kämpa. Förhoppningen är att någon skall inse idiotin och lyfta upp den till ytan, men jag har förstått under årens lopp att socialtjänsten är någon form av helig ko som ingen vill, kan eller får röra eller kritisera. Attityden verkar vara: Har du hamnat hos soc får du skylla dig själv, för det är ju enbart du och ingen annan som bär ansvaret för hur ditt liv ser ut.

2016-07-03 meddelar jag Patricia Alphonse.
"Rikhard är ju på semester nu. Vem har hand om hans ärende, dvs mej?

Jag vill ha svar på mina frågor jag skickat under måndagen den 4/7
Fortsätter jag att ignoreras löser jag problemet själv. Permanent.
Jag kan inte ha det så här. Det är två månader sedan jag kontaktade er ang problemen med Rikhard, men det är bara tyst från er, eller väntar på att vi skall dö ut? Fine, har kontaktat både tv4, uppdrag granskning och Aftonbladet. Så det kanske kan komma NÅ'T gott ur allt elände, fast det hjälper ju inte mej.
Have a god life, mine is over
/Tommy"

Svaret från Patricia Alphonse går även ut som kopia till Cem Atci och Magnus Jonsson
Mon 2016-07-04 08:37
"God morgon

Jag har försökt nå dig per telefon utan framgång. Jag är osäker på om jag har förstått dina frågor. Om du inte redan har fått en normberäkning så skulle vi kunna skicka dig en. Har du varit inne på den länk som du fått mailad till dig? Om du har synpunkter på handläggningen av ditt ärende får jag be dig vända dig till IVO på telefonummer 010-7885000. Det finns en anteckning i din akt att du fått ett boende i Tyresö kommun. Jag vill därför göra dig uppmärksammad på att kontakta socialtjänsten i Tyresö snarast om du har för avsikt att ansöka om försörjningsstöd framåt.
Om något är oklart får du gärna kontakta mig på nytt.

I tjänsten
Patricia Alphonse
Biträdande enhetschef"

Ovanstående mail får jag av Patricia Alphonse kl 08:37 kopior till Cem Atci och Magnus Jonsson.

Den 4/7 alltså samma dag, får jag kl 13:23 mail av Cem Atci som är semestervikarie för Rikhard och att han vill ha in kopior på dokumentet.
Journalanteckningar 2016-07-04 kl 13:23
"Hej Tommy.

Jag är vikarie för Rickard nu när han är på semester. Jag har fått in din handling om ditt boende, jag försöker handlägga den men jag skulle behöva en ordentlig kopia då denna är luddig. Var vänlig och inkom med den så snabbt som möjligt.

Hälsningar,
Cem Celepli Atci"
2016-07-05 Cem Atci
"Utr. Lägger den "luddiga handlingen" i Tommys akt."
Vaddå "luddigt?"

Hur fan skall jag kunna veta vad som avses med otydligt och luddigt? Den "luddiga handlingen" läggs i Tommys akt enl utr!??

Svarade den 4 juli kl 18:26

"Hej Cem
Vaddå för kopia?
/Tommy"
"2016-07-05 kl 11:22 Cem Atci
På ditt andrahandskontrakt, den du skickade var flera sidor och påminde lite om ett pussel om vi ska behöva läsa den.
/ Cem"

Mitt svar den 4 juli och Cems svar på det är något som förövrigt utelämnats från journalanteckningen, men jag skall återge den i sin helhel, inkl felstavningar och andra påfund.

"Handläggare: Cem Atci Datum 2016-07-05 kl 12:21

Så om jag förstår saken rätt, gäller det boendet i Tyresö. Ingentingen är klart där. Jag var i kontakt med en Matts eller Mattias Hall och pratade om hur det fungerar om jag flyttar dit, och fick då veta att det inte alls var säkert att jag skulle få fortsatt hjälp. Det var inte säkert att jag skulle få SL-kort, det berodde på hur många sjukresor jag gjorde.

Nu är det så att huset som ägs av P Z (min förkortning här) ligger 1,2 mil från Bollmora och affärer, vilket betyder att jag skulle få problem med en sådan sak som att handla, och för att kunna ta mej runt, som jag behöver kunna göra.

Jag mailade Peter om min situation och om hur jag mår och att jag inte vet om jag kommer få fortsatt hjälp av Tyresö. Tyvärr mår jag inte så bra, jag har mycke negativa tankar om saker som händer mej och att det kommer bli värre och mina mörka tankar om att avsluta livet.

Jag har idag kontakt med Pelarbacken och får genom dom Citalopram och Mirtazapin för att hålla mej uppe, men det har varit så mycket strul med Rikhard och betalning och deklaration och bortkommen post och allt möjligt så den medicinen har inte så stor verkan idag.

Mina tankar om att andra kommer drabbas om jag avslutar mitt liv blir svagare och svagare. Jag bryr mej inte om ifall en förare på ett pendeltåg eller tunnelbana får betala resten av sitt liv. Eller om någon ser mej om jag hoppar från en bro..
Jag orkar inte med mera strul och att sitta i Tyresö och inte veta om jag kommer få någon hjälp är ingentingen jag mår bättre av.

Jag vet snart inte vad jag skall göra, då ingen kan göra något för systemet och reglerna sätter stopp för det.
Det är fel någonstans och jag orkar inte med det längre, jag ser ingen anledning till att gå ur sängen.
Jag skickade visserligen mail på flera sidor, men det var hur det varit mellan mej och Rikhard sedan den 25 april.
Något andrahandskontrakt har jag aldrig skickat.
Men du får gärna läsa om vad som hänt och försöka ge mej ett svar på om Rikhard har agerat i enlighet med gällande regelverk.
Speciellt när det gäller det här med normberäkningen, oavsett om jag ansökt med eller utan SL-kort, missade April, så har min ersättning varit 3860.-
Utom för Juni då det blev 2477.-

För Juli blev det 4680.-

Jag har försökt få svar av Rikhard varför det blivit så, Han skrev att han ibland har gjort avdrag, men jag vet inte varför.

Är ni inte skyldiga att uppge vad ni gör avdrag för om ni gör det?

Rikhard har sugit all must och kraft ur mig sedan den 25 April, och jag mår inge bra, jag är väldigt på allt.

Och som om det inte vore nog fick jag ryggskott i morse.

Jag vore väligt tacksam om du hade lust sätta dej in i hur Rikhard har agerat, för det KAN inte vara enligt reglerna.

Jag mailade stadsdelen redan den 5/5 ang honom men inte fått något svar.

jag vore väldigt tacksam om du hade lust att fördjupa dig i saken.

Nu skall jag ut å försöka gå lite, det skall tydligen vara bra om man har ryggskott.

vill du ringa mej har jag 0722****** (censurerat)Jag skall ha telefonsignalen påslagen så jag hör, om det är något mer du undrar över.

Mvh Tommy Liljehorn"

Andrahandskontraktet jag enligt honom hade skickat in existerar inte. Enligt journalanteckningen är det HV som skickat in HK den 30/7 på uppmaning av Rikhard Aaltonen. Var fick Cem uppgiften från att det är jag som skickat in den, och var har uppgiften om ett andrahandskontrakt kommit från?

BORDE inte Cem ha reagerat över det faktum att jag påtalar att jag inte har skickat in något kontrakt? Vilket klart och tydligt framgår av mitt svar. Hm, om nu Tommy säger att han inte skickat in något kontrakt och vi har ett, var kommer det då ifrån?

En ganska logisk tanke och väldigt enkel att ta reda på genom att läsa journalen. Där framgår klart och tydligt att det är Rikhard Aaltonen som begärt in ett HK direkt av HV, är det inte därför det förs journaler?
Förövrigt har jag aldrig haft något andrahandskontrakt på gång så det vore intressant att få veta var den uppgiften kom från, har ställt den frågan nu i mer än 80 månader. Fick aldrig mer någon respons från Cem.

Enligt journalanteckning.
"Svar från Patricia Alphonse kopia till Rikhard Aaltonen; Cem Atci; Magnus Jonsson
2016-07-05 16:00

Tommy Liljehorn

Jag har tagit del av ditt mail och återkommer inom kort.

I tjänsten

Patricia Alphonse

Biträdande enhetschef"

„Svar från Patricia Alphonse kopia till Rikhard Aaltonen; Cem Atci; Magnus Jonsson

2016-07-07 17:59

Tommy Liljehorn

Du har rätt att ta del av normberäkningen vid beslut om ekonomiskt bistånd. Jag kan se att du vid något tillfälle fått avslag på din ansökan. Beträffande beslut avseende juli finns normberäkningen dig tillhanda i stadsdelens reception mot uppvisande av legitimation.

Vid ansökan om ekonomiskt bistånd är det den enskildes ansvar att redovisa vad han gjort månaden innan för att bli självförsörjande. Det är vanligt att det är fler än ett dokument som ska lämnas in. Socialsekreteraren är skyldig att informera om vad som krävs och sedan är det den enskildes ansvar att inkomma med dessa.

Stadsdelen kan under en begränsad period bevilja tillfälligt boende. Detta underförutsättning av att den som ansöker om tillfälligt boende följer den boplan som upprättats. Enligt uppgift har du funnit en bostad i Tyresö. Nu får du vända dig till den kommunen med ev. ansökan och om du har frågor.

Om du har synpunkter på handläggning och bemötande vill jag ånyo hänvisa dig till IVO. Se tidigare mail.
All din mail korrespondens finns arkiverad i din elektroniska akt.
I tjänsten
Patricia Alphonse
Biträdande enhetschef"

"Beträffande beslut avseende juli finns normberäkningen dig tillhanda i stadsdelens reception mot uppvisande av legitimation."
Jag måste alltså besöka deras reception för att mot uppvisande av leg få ut min normberäkning. Om jag förstått saken rätt skall denna skickas via posten till min adress.

"Socialsekreteraren är skyldig att informera om vad som krävs och sedan är det den enskildes ansvar att inkomma med dessa."

Det åligger alltså Rikhard Aaltonen att informera mig om vad som krävs, vilket han underlåtit sig att göra genom att skicka mina brev med denna information till en annan adress där jag inte finns på grund av att han inte vet var jag bor.

Hur kan det plötsligt falla på mig och mitt ansvar att jag inte vet vad som krävs då min handläggare Rikhard Aaltonen skickat mina brev fel? Fast å andra sidan tar han ju för givet att jag vet vad normen är så han anser väl även att jag skall veta vad som krävs av mig även om han inte uppfyllt sin skyldighet att informera mig om dessa krav. Det där med att all min mail-korrespondens finns arkiverad i min elektroniska akt är något jag fick veta av Mats Hall i februari 2020 inte alls stämmer, inte enligt honom iaf. Förövrigt är han inte samme Mats Hall som i Tyresö, inte enligt honom själv iaf.

Patricia Alphonse skickar mig mail den 4/7 om att det finns uppgifter om ett boende i Tyresö, detta mail får jag 08:37, både Cem Atci och Magnus Jonsson får kopia. Samma dag, den 4/7 kl 13:23 får jag mail från Cem Atci att denne är vikarie för Rikhard Aaltonen och behöver en ordentlig kopia då den som finns är luddig. Hur kan det kl 08:37 finnas uppgifter om ett boende när det 5 timmar senare är problem med hyreskontraktet med ett andrahandsboende som jag skall ha inkommit med?

Detta besked från Patricia Alphonse föranledde mig till att sammanställa en anmälan till IVO, vilket jag inte hade en aning om hur man gjorde, så det var på ett språk ljusår från byråkratsvenska, men jag tror de förstod innebörden av det hela, eller åtminstone borde ha fattat.

Jag fick iaf ett meddelande att Inspektionen för vård och omsorg (IVO) tagit emot min anmälan. Varför skriver de hela tiden Inspektionen för vård och omsorg om de ändå efter skriver IVO inom parantes? Hm, mycke grejjer på ett järnspett som Pelle på bilskroten brukar uttrycka det.

2016-07-07 Kl 18:25 svarade jag Patricia.

"Så med andra ord anser du alltså att Rikhard har agerat enligt gällande regelverk. Bra, då vet jag att du anser det.
När det gäller boendet i Tyresö är ingentingen helt klart. Jag har mailat Peter och förklarat min situation men ej ännu fått svar.

Allt strul under dom senaste två månaderna beror på att jag inte fått dom brev ni skickat ut, pga att ni har haft fel adress på mej, och det är knappast mitt fel.
Hur kan mina brev ha adress box 490 12904 Hägersten förstår jag inte.

Om ni skickar mina brev till en box är det ju bra att jag får veta det så jag kan hämta den där, detta har inte Rikhard sagt någonting till mej om.

Men det får media titta närmre på.
Själv har jag lagt ut förfrågningar om Fentanyl, jag har fått veta att bland det bästa sättet att dö är en överdos, man bara somnar.
Jag har aldrig tagit några droger men är det dit ni vill ha mej så skall ni få det.
Du vill inte svara på frågan om jag har rätt att få veta vad ni gör avdrag för i normberäkningen, det tycker jag att jag kan få veta.

Jag har gjort en överklagan till förvaltningsrätten i Stockholm men det skall ju gå via stadsdelsnämnden. Jag har gjort den via hagersten-liljeholmen@stockholm.se 01-07-2016 Om jag skall göra på något annat sätt får du tala om det för mej.

Jag tycker det är svagt att jag inte hört från er på det mail jag skickade 05-05-2016 då hade jag kanske luppit 2 månaders helvete.
Om ni vill att man skall göra som ni säger får ni sluta förstöra och trycka ner en i skiten, Jag har kämpat för att ta mej upp sedan branden, men det är tydligt att har man en gång hamnat i skiten skall man vara kvar.

Att man vill komma upp på fötter igen och komma igång med livet tas det ingen hänsyn till.

Jaja, ingen idé fortsätta med det här, Thank's for nothing, have a god life, mine is over. Hälsa Janne Josefsson &co när dom knackar på.
/Tommy Liljehorn"

2016-07-07 kl 22:07
Mailade jag registrator@ivo.se om att jag försökt göra en anmälan ang mitt socass(el)s agerande, men att det inte gått då SEB inte hade bankid på fil och jag inte hade någon smartphone.
Ganska omgående fick jag ett autosvar.

"Hej!
Inspektionen för vård och omsorg (IVO) har tagit emot ditt meddelande. Vi läser inkommande e-post varje arbetsdag. Om du har ställt frågor i meddelandet återkommer vi så snart som möjligt

Nästan all post till myndigheter blir en allmän handling. Det innebär att vem som helst har rätt att begära ut handlingen. Det är ovanligt att uppgifter i en allmän handling skyddas av sekretess."

Det här är ju väldigt bra att veta. Det betyder att jag i princip kan namnge varenda jubelidiot eftersom det ändå går att få fram dessa namn tack vare allmänhetsprincipen. Tack för det.

Meddelade Patricia Alphonse samma kväll kl 22:12 att jag mailat IVO. Den 8/7 ringde personal på Snabba boende mig kl 13:00 och sa att jag skulle vara ute senast kl 15:00 Jag försökte då få tag på Cem på telefon, han satt på Rikhards anknytning, men det var bara en svarare.

En annan person på boendet blev också utslängd samma dag även han hade Rikhard som handläggare. Han fick tag på Cem och pratade med honom om att få förlängt boende, och som han uppfattade det gällde den förlängningen även mig.

Efter ett tag kom personal och sa att han men inte jag hade fått förlängt.
Jag försökte då upprepade gånger komma i kontakt med Cem på Rikhards anknytning eftersom den andra personen hade lyckats med det så jag visste ju att han fanns där.

2016-07-08 Mailade jag Cem kl 13:29

"Har precis fått veta att jag skall vara ute kl:15:00 idag.

Du vet att jag har taköverhuvudgaranti va? Så var skall du sätta mej istället? Det finns inget färdigt med någon i Tyresö, framförallt inga andrahandskontrakt.

Tråkigt när det blir så här och jag skall betala hela tiden.
Trött på det.
/Tommy"

Detta svar var förövrigt en fortsättning på mailet från Cem om andrahandskontraket som inte kunde godkännas den 5 juli, ett kontrakt jag inte inkommit med. Nu var personalen så vänliga så att dom lät mej stanna kvar tills jag visste hur det skulle bli. När klockan passerat 17:00 förstod jag att det inte var lönt med att försöka fortsätta få tag på Cem.
Jag ringde uppsökarenheten och förklarade mitt läge för Karin. Hon tog kontakt med hemlöshetsjouren och kontaktade mig senare att jag hade fått boende på H-huset i Skarpnäck igen.

En del av mitt bohag ställdes in i ett förråd och en del andra prylar tog en annan boende hand om, sedan kördes jag ut till Skarpnäcksgården där jag skulle få bo över helgen.

Runt kl 21:00 den 8/7 kom Karin och en kollega och hämtade mig.

Skickade då kl 20:53 ett mail till Patricia.

"Hej.Bara så du vet, nu bär färden av mot Skarpnäcksgården och mina drogkontakter.

Så har du tur slipper du mej helt och hållet, fast jag kan inte ta ansvar för vad andra kommer dra igång.

/Tommy"

SÅ, fredagen den 1/7 får jag mail från Rikhard Aaltonen att jag skall inkomma med en kopia på ett HK jag aldrig har sett, för att han inte kan godkänna det han fått in från HV, utan att närmare precisera vad problemet med kontraktet är. Fredagen 8/7, det vill säga en vecka senare, blir jag utsparkad från boendet för att jag skall ha ett boende i Tyresö på ett kontrakt dom inte kan godkänna.

Det fanns också en del frågetecken jag ville räta ut med HV och soc i Tyresö men ansåg att jag hade tid med det eftersom min boendeplan gällde till den 20/7, eller skulle ha gjort rättare sagt.

Enligt min journalanteckning 2016-07-08 reg av Dan Jensen

"Tommy Liljehorn ringer och är orolig för sitt boende, måste flytta ut 15,00 idag och menar att ingen informerat honom om deta.

Jag hänvisar till vikarie för Rikhard Aaltonen samt bitr chef Patricia Alphonse."

Nu minns jag inte riktigt exakt med tider, men något liknande såg min måndag ut. Jag tog t-banan till pelarbacken, minns inte om jag pratade med Jeanette eller Charlotte som båda var mina läkare, eller nå't liknande, men jag kom i kontakt med Märta på medborgarkontoret iaf, ett riktigt solsken.

Eftermiddagen ägnades åt att ströva omkring och vänta på att tiden skulle förlöpa, som tur är finns det ju en del musikbutiker och loppisaffärer på söder så det var inga problem med att få tiden att gå.

När det blivit kväll och klockan passerat 16:30 ringde jag först hemlöshetsjouren som upplyste mig om att jag skulle ringa till socialjouren som upplyste mig om att jag skulle ringa till hemlöshetsjouren. Jag var fan mer upplyst än en grandjävel hos en julnörd på julafton.

När jag så väl återigen kom i kontakt med hemlöshetsjouren fick jag veta att det i mitt paraflax eller va fan det hette inte stod att jag hade rätt till nattlogi, men dom löste det så att jag fick en natt till på H-huset. Så mycket för den djävla taköverhuvudgarantin. Tog t-banan tillbaka till Skarpnäck och trots att jag kom sent fanns det käk att få. I mina journalanteckningar finns noterat att jag ringde Patricia Alphonse den 11/7 2016.

"T ringer och undrar över normberäkningar. Jag meddelar honom att det finns en normberäkning till honom i receptionen, han är inte nöjd. Jag förklarar att normen kan vare sig handläggaren eller förvaltningen ändra på men att han har möjlighet att överklaga.

Han har för övrigt frågor om ett bostadskontrakt han blivit uppmanad att komma in med. Han meddelar att han inte har något. Jag förklarar att det måste uppstått ett missförstånd och att han kan bortse från sdf.s förfrågan
Han undrar hur det blir med boende. Jag info honom att han får söka på egen hand. Att handlingsplanen om tillfälligt boende löpt ut. Han vill göra en ny ansökan vilket han har rätt till och att beslut kommer fattas."

Jag har alltså den 19/5 fått en boendeplan som slutar den 20/7 av Rikhard Aaltonen men den 11/7 då jag varit utslängd från boendet sedan den 8/7 får jag beskedet av Patricia Alphonse att handlingsplanen om tillfälligt boende löpt ut. Hur fan är det möjligt? Jag får då också alltså veta att jag kan bortse från deras begäran om nytt HK.

Var det någon som sa ju fler kockar?

Jag fick hjälp av Märta på Pelarbackens medborgarkontor att upprätta en överklagan angående mitt tillfälliga boende vilket kan utläsas av journalanteckningarna.

"2016-07-11 Reg av Cem Atci

Överklagan av beslut om att avsluta mitt t f boende/ansökan om vidare t f boende, muntligt delgett 160711 av Patricia Alphonse.
Jag har tidigare bott på Snabba Boende i Spånga då jag är bostadslös. Detta boende avslutades utan förvarning 160708 och jag meddelades detta av personal på boendet samma dag, kl 13.00 och jag skulle vara ute kl 15.00. Jag har sedan i fredags försökt komma i kontakt med Cem, vikarie för min ordinarie handläggare Rikhard Aaltonen, via både telefon och mail, utan resultat.

Under helgen har jag beviljats boende på H-huset akut genom hemlöshetsmottagningen men står från och med idag åter utan boende. Jag fick idag kontakt med biträdande enhetschef Patricia Alphonse som upplyste mig om att boendeplanen gått ut och att jag får överklaga om jag vill. Exakt orsak till varför den kunnat förlängas eller varför jag inte fått vidare boende samt vad jag kan göra för att få vidare boende framgick inte. Hon uppgav att det kan ha blivit något missförstånd.

I dagsläget har jag inte något annat boende. Jag har kontakt med en hyresvärd kring inneboende i Tyresö men detta är inte klart än. Cem begärde i måndags in uppgifter kring andrahandskontraktet jag skall ha inkommit med. Under tisdagen skrev han att detta var luddigt och svårförstått, jag svarade honom då att jag inte lämnat in något sådant kontrakt och sedan dess har jag inte hört av honom.

Jag är sjukskriven av psykiatriker Charlotte Gustafsson, aktuell sjukskrivning är inlämnad till socialkontoret men jag söker ändå bostad. Jag bifogar de senast sökta bostäderna. Jag ansöker härmed om vidare tillfälligt boende, gärna på Snabba boende eftersom mina saker är kvar där och jag trivs samt att det finns tillgång till dator och WIFI vilket underlättar bostadssök. Jag önskar också få kontakt med handläggare för att kunna komma vidare i mitt ärende, ev mot inneboende. Vill tillägga att jag varit drogfri hela livet och gärna vill fortsätta så.
Tommy Liljehorn"

På tisdagen, den 12/7 ringde jag åter Rikhards anknytning för att fråga Cem om vad som var fel med hyreskontraktet men fick inte tag på honom, lämnade dock ett meddelande på telsvararen. Tror jag har det dokumenterat, såvida det inte försvunnit med alla kraschade datorer och hårddiskar? Kände mig riktigt under isen vid detta tillfälle så det fick bli en sväng till bolaget och sedan satt jag mig på en pizzeria och käkade och tog några öl. När jag så återigen kontaktade hemlöshetsjouren fick jag veta att de inte kunde hjälpa mig, så det blev att åter åka till bilen som då stod parkerad på en gata i Farsta och kröka till det för att sedan sova.

Onsdagen den 13/7 gick jag till polisen i Farsta och anmälde Hägersten-Liljeholmens stadsdel, för i första hand maktmissbruk eller nå't va fan som helst. Antar att det blev nedlagt eftersom jag ännu inte hört något.

Enligt journalanteckning den 13/7 reg av Cem Atci
"Övrigt beslut taget 2016-07-13 att enligt 25§ FL skicka Tommys överklagan till förvaltningsrätten är felaktigt då det framkommit att boendeplanen löper ut 2016-07-20. I samråd med biträdande enhetschef Patricia Alphonse omprövas beslutet enligt 27§ FL och Tommy beviljas tillfälligt boende fram till 2016-07-20. Efter detta datum kommer, med största sannolikhet, inga tillfälliga boendekostnader att beviljas"
Det är så dags att den 13/7 inse att min boendeplan löper ut den 20/7. Vad hände med era efterforskningar gällandes det otydliga och luddiga hyreskontraktet då?

Journalanteckning 2016-07-13 reg av Cem Atci

"Från: Heli Hero på hemlöshetsmottagningen.

Tommy ringer HLM kl 23:58 och ansöker om logi.

Han berättar att han utan förvarning blivit av med tillfälligt boende via stadsdelen då. Han sitter i en bil i Farsta och har ingenstans att ta vägen. Han berättar att han kanske har boende på gång i Tyresö, men att det inte är aktuellt ännu.

Tommy grubblar över sitt liv och uttrycker självmordstankar. Han låter onykter, och säger att han dricker. Han har mycket frågor om boende.

Jag läser i paraplyet att han idag varit i kontakt med sin stadsdel, och informerats om att han inte har rätt till tillfälligt boende. Då Tommy nyligen talat med handläggare och bedöms inte ha rätt till Tak över huvudet garantin, och inget nytt framkommit, omprövar jag inte stadsdelens beslut. Jag hänvisar Tommy att tala med sin handläggare imorgon med sina boendefrågor.

Anteckning skickas till Rikhard Alltonen och Cem Atci för kännedom.

Soc.sek Cem Atci och Heli diskuterar fram och tillbaka via mail hur vi ska få tag på Tommy för att han ska kunna få tillgång till sitt tillfälliga boende. Heli säger att Tommy sitter i en bil nu och möjligtvis är berusad. Heli ska säga till Tommy att ringa Utr. För att veta vart han ska för sitt tillfälliga boende. Heli berättar även att han bokar in Tommy på ett härbärge över natten om han skulle kontakta dem och soc.sek Cem Atci inte är i tjänst"

Onsdagskvällen gick återigen i alkoholets tecken och funderingar om varför i helvete jag råkar ut för så mycket skit. Varför lever jag? Allt blir ju bara fel. Dom hade ju rätt, morsan å farsan och alla andra belackare som under hela min uppväxt deklarerat hur djävla dum i huvet och värdelös jag är.

"Det är inte lönt du försöker med för det klarar inte du ändå! "

Nä, det är ju uppenbart att jag inte lyckas med något men varför i helvete inte då för? Är det så att det här livet är ett straff för något jag gjort fel i ett tidigare liv och att alla dessa djävla idioter nu betalar tillbaka? Jag kanske förtjänar all skit som vräks över mig, och det skulle jag väl kunna acceptera om jag bara visste VARFÖR!

I närheten av bilen fanns ett gammalt centrum med en rätt ok pizzeria som jag faktiskt varit och giggat karaoke på så det blev lite käka och några öl där. När jag sedan satt där i min gamla bil och funderade över alltings djävlighet bestämde jag mig för att knopa ihop en hängsnara av en elkabel.

Jag hade där och då bestämt mig för att inte fortsätta kämpa för det visar sig ju att det är meningslöst. Dock hade jag en vän som gjort vad hon kunnat och messade mig att jag skulle ta kontakt med hemlöshetsjouren för de hade visst något på gång, först tänkte jag skit samma, fuck evry'thing men sen kände jag att det vore som att spotta henne i ansiktet, så jag ringde och fick då veta att soc uppenbarligen hade ändrat sig.
HALLELUJA, när fan blir gammal blir han religiös.

Jag skulle få komma tillbaka till H-huset för att sedan på fredagen flytta tillbaka till boendet i Bromsten, så det blev apostlahästarna till Farsta tunnelbana för färd till

Skärmarbrink för att där byta till tåg mot Skarpnäck, att det fanns buss från Farsta till Skarpnäck hade jag noll koll på, precis som på allt annat.
Kontaktade polarn, Janne som först kört ut mig till H-huset och jodå, visst skulle det väl gå bra med en sväng från Skarpnäck till Bromsten under morgondagen, tur han tycker att det är kul att köra bil, han kom och hämtade mig på fredagen och körde mig tillbaka.

Väl tillbaka på boendet hittar jag ett brev från Hägersten-Liljeholmens stadsdel där det framgår att de enligt 24 paragrafen 1st

Förvaltningslagen avvisar överklagan som inkom den 1/7 avseende beslut taget den 25/5 som gällde SL-resor på 790.- pga att den inkom för sent. OK 790 spänn kan jag väl överleva, men varför behöver inte soc göra rätt enligt lagboken?

Jag hade varit utslängd en vecka pga deras agerande utan möjlighet till att rätta till några luddiga hyreskontrakt, som jag förövrigt aldrig hade sett, men som jag sedan inte behöver skicka in för att det har uppstått ett missförstånd. Till vilken nytta kan man undra?

Journalanteckning 2016-07-14 reg Christian Ringsten

" Cem Atci blir kontaktad 160714 av Märta från Medborgarkontoret och berättar at Tommy är där. Han ansöker om boende och Cem bokar in honom på Snabba boende i Spånga från 160714-160720. Tommy vill även ha en sammanfattning skriftligen av vad han ska göra efter boendeplanen går ut 160720. Det blir ett telefonsamtal där Tommy beklagar sig över hur han anser att han blivit bemött och att han har anmält Hägersten/Liljeholmen SDF till JO, IVO och polisen.

Cem Atci berättar att han har rätt att överklaga när boendeplanen gått ut (160720) och hänvisar honom till att ta kontakt med psykiatrin om han anser sig ha självmordstankar.

Tommy uppger att han har en tid inbokat på Pelarbacken, dagens datum."

Hm, Cem har uppenbarligen fullständigt missat att jag redan har kontakt med läkare på Pelarbacken och får mediciner för depression. Dessutom är sjukskriven.
Den 15/8 åkte det in en ny IVO-anmälan eftersom alla hänvisar mig dit.
Denna gång mot biträdande enhetschef Patricia Alphonse, Mikael Jonsson, enhetschef. Och Rikhards sommarvikarie Cem Atci.
Vet att jag anmält en Mikael Jonsson, men då hade jag ingen koll på vad fanskapet hette, hade fullt sjå med att försöka överleva.

Den 15/7 lämnade jag även in en anmälan till JO eftersom jag fått höra att det är dit man skall anmäla socialtjänsten. Det var exakt samma rader dit som i anmälan till IVO.

Den 17/7 gjorde jag även en anmälan till Länsstyrelsen i Stockholms län.
Dagen efter, den 18/7 kom svaret.

"Hej. Från och med årsskiftet 2009/2010 övergick verksamheter från Länsstyrelsen till Socialstyrelsen som rör social tillsyn, rådgivning och

enskild vårdverksamhet, detta rör även ärenden enligt socialtjänstlagen, lagen om vård av unga och lagen om vård av missbrukare.
Socialstyrelsen når du på telefonnummer 075-2473000 eller eller via e-post:
Socialstyrelsen@socialstyrelsen.se
Mer information finns på Socialstyrelsens webbplats
http://www.socialstyrelsen.se/

Med vänliga hälsningar
Länsstyrelsen Stockholm"

Tisdagen veckan därpå den 19/7 var jag så åter igen på Pelarbackens medborgarkontor och träffade Märta som hjälpte mig med att söka bostäder och lämna in en ny ansökan för ekonomiskt bistånd för aug. Skickade mail till Patricia att jag skulle träffa Märta och redogöra för alla turer sedan den 25/4.
Enligt journalanteckning 2016-07-19 har Patricia försökt att svara på mitt mail men att det studsar tillbaka. Hur fan kan ett mail studsa tillbaka från en fungerande mailadress?

"Journalanteckning

2016-07-19 Reg av Patricia Alphonse

Ämne Tommy Liljehorn

Idag skall jag träffa Märta på medborgarkontoret och redogöra för alla turer sedan den 25/4. Senast imorgon skall jag ha fixat eget boende, det enda boende jag har är bilen, och dit får jag väl flytta.
Jag klarar mig väl på nå't sätt, för ni verkar inte vilja fokusera på att hjälpa mej upp på fötter igen och vad ska jag då ha er till? Hängsnaran är klar och jag har alkohol så det räcker för att supa till mej modet.

Att vänta på IVO och JO kan ta tid, och den tiden har jag inte.
Ni har gjort era val, nu gör jag mitt för att slippa all skit för jag orkar inte med.

Jag har inte gjort ett enda fel, dom misstag jag begått har berott på att ni från början gjort fel, men ni erkänner aldrig misstag utan det är jag som skall betala, det är jag trött på.

Har varit på gång med att skaffa mej inkomst, men sen har Rikhard sparkat ner mej i gropen igen, ni verkar inte vara intresserade av att jag skall ha en inkom,st, vilket borde vara prio ett, men ni förstår inte

hur jag mår och det kaos jag har i huvet och att erat agerande bara gör saken värre. Synd att ni inte förstår hur mycket nu förstör.
Så imorrn löser jag mina problem på ett eller annat sätt, för jag orkar inte med mer.
/Tommy"

Fick även den 19/7 mail från en Anna Sundberg på Socialstyrelsen.
Hej Tommy, Tack för ditt mail till Socialstyrelsen. Jag har tagit del av din skrivelse och beklagar dina erfarenheter.
Socialstyrelsen kan redogöra för bestämmelser i gällande författningar (lagar, förordningart och föreskrifter) men inte på förhand ta ställning till hur de ska tillämpas i enskilda fall. Det är den som ansvarar för en verksamhet – offentliga eller privata vårdgivare inom hälso – och sjukvården – som har ansvar för att verksamheten är av god kvalitet och att de beslut som fattas och tillämpas i verksamheten har stöd i gällande författningar.

Socialstyrelsen är ingen tillsynsmyndighet och kommer därför inte utreda ärendet. Anser man att man själv eller någon annan har blivit felaktigt behandlad av en myndighet eller en tjänsteman vid handläggningen av ett ärende kan man göra en anmälan till JO som får ta ställning till hur det ska behandlas.
Med vänliga hälsningar Anna Sundberg jurist

Jag svarade Anna samma dag.

"Det är ju socialen som ställt till det, och dom samtal jag haft till nu har inte gett någonting. Dom gör inga fel, men så mär det ju alltid med myndigheter. Jag träffar psykologer och är sjukskriven, men det bryr sig inte soc speciellt mycket om.

Att socialtjänstlagen säger att dom skall ta till vara varje individs egna möjligheter existerar inte. Och något kvalitétänkande verkar inte finnas alls, nu är jag på ett medborgarkontor och får lite hjälp. Jag hade kunnat vara uppe på fötter och kanske haft någon form av inkomst om inte allt det här inträffat, men det verkar inte vara deras mål. Dom koncentrerar sig på en enda sak, att jag skall skaffa eget boende, mina övriga problem finns inte för dom. Får jag inte ordning på kaoset i huvudet får jag inte ordning på någonting. Och då kvittar det med boendet.
/Tommy"

Den 20/7 kontaktade jag återigen TV4 och Nyhetsmorgon eftersom responsen därifrån varit obefintlig, undrade om jag kunde kontakta Kalla Fakta direkt, självklart kunde jag det enligt Elisabeth som svarade, varpå ett mail åkte in direkt till dem också, har ännu inte hört något.

Torsdagen den 21/7 var det så dags för att återigen flytta ut då soc inte förlängt boendet. Nu minns jag inte riktigt tiderna, men jag var på Pelarbacken och träffade Märta som sent om sidor fick tag på Patricia Alphonse, och som jag förstod det, blev duktigt uppläxad av henne.

Märta har själv jobbat som socialsekreterare men hade uppenbarligen inte en susning om vad som gällde enligt Patricia, hörde inte samtalet då Märta valde att gå ut ur rummet vi satt i, men hon var väldigt fundersam när hon kom tillbaka.

Hon hjälpte mig med att skriva en ansökan om tillfälligt boende som tillsammans med läkarintyg faxades till Hägersten-Liljeholmens sdf.s socialkontor, Sedan var det då så dags att på nytt flytta ut då jag inte fått förlängt boende så samma procedur med prylarna, en del i förråd en del hos en kompis, detta pga utrymmesbrist i förrådet, den här gången blev jag dock inte hämtad av uppsökarteamet utan det blev trava till Spånga för pendel till södra station sedan trava till Mariatorgets tunnelbana för färd till Midsommarkransen sedan stövla till Frälsis. Det är ett ställe Frälsningsarmén har och där jag var efter att ha blivit utsparkad från H-huset i februari, där tillbringades natten.

På fredagen kontaktade jag så på nytt soc och sa att de var tvungna att höra av sej till Frälsis innan kl 14:00 för att boka ny natt. Det dröjde inte många minuter innan personal kom och sa att soc inte medgav nytt nattlogi, så det var ut på gatan igen.

Enligt journalanteckningar faxar Dan Jensen beslut att avslå min ansökan om boende till Hemlöshetsjouren.

Handläggare Dan Jensen Datum: 2016-07-22
Jag faxar kopia på dagens skriftliga beslut att avslå ansöka om boende för Tommy Liljehorn till hemlöshetsjouren

Handläggare: Mikaela Robertsson Datum: 2016-07-22
Tommy ringer och talar in på min telefonsvarare. Han berättar att han bor på frälsis och kommer att bli utkastad där idag vid två-tiden om inte hans boende förlängs. Han säger att vi ska konakta frälsis eller ringa honom."

Där och då bestämde jag mig, igen, att nu djävlar får det vara slut på den här skiten. Bestämde mig för att åka tillbaka till Farsta och bilen och ta min hängsnara av gedigen elkabel och gå ut i skogen. Nu är det ju så uppenbart att soc gör det här enkom för att djävlas så varför fortsätta kämpa?
Jag måste ha varit en riktig djävla typ i det tidigare livet eftersom allt detta händer mig.Men jag kände att jag åtminstone ville underrätta

Karin på uppsökargruppen att jag nu tagit detta mitt beslut att avsluta hela skiten. Jag sa till henne som det var, nu är jag på gatan igen och så ini helvete trött på allt det här. Nu åker jag till bilen drar det sista ur flaskorna sen går jag ut i skogen och hänger mig. Hon tyckte inte alls det lät som en bra idé alls och vädjade att jag skulle tänka om, tänka på alla som älskar mig.

Ja det är ju djävligt snabbt gjort, och varför skall jag tänka på dem för? Att någon sitter ett halvt universum bort och tänker på mig gör ju inte mitt liv bättre. Folk vill att jag skall fortsätta leva, men samtidigt skall jag också kräla i skiten! Ett sån't liv vill jag inte ha. Vem är störst egoist i det fallet, eftersom alla som tar livet av sig är egoister?

Efter mycket om och men och samtal och ord frågade hon om hon skulle köra mig till länsakuten.

"Just nu vill jag bara dö. Inget är värt nå't längre, inte så här. Vad fan skall jag leva för, så djävla dålig som jag är? Dom hade ju rätt, alla som sa att jag aldrig skulle bli nå't."

Hon sa igen att hon kunde komma förbi och hämta mig.

"Jag skiter i hur ni gör, gör va fan ni vill, jag bryr mej inte längre."

Hon kom och hämtade mej och körde mej till länsakuten, St:Göran.

Efter en natt där blev det sedan färd till Nacka sjukhus avd 31

S E X

Nacka Sjukhus

Den bästa sommaren i mannaminne låg jag på en psykiatrisk avd på grund av att socialtjänsten strulat till det med möjligheter till boende och arbete.

Lördag den 23/7 kom jag alltså till Nacka Sjukhus avd 31, och sedan hände egentligen ingenting, i ordets rätta bemärkelse. Mina mediciner ändrades, jag träffade andra som många var långt mycket värre däran än jag. Patienter kom och gick och några fick man lite närmre kontakt med och så småningom allteftersom tiden gick började det lätta en aning. Inte så att jag direkt kände att livet var värt att leva, men man hade någon att prata med som förstod vad man menade när man sa att det var tomt i huvet.

Det fanns även en liten odling som en skötare, Uffe, pysslade med och som vi fick vara med och medpyssla med också, vilket underlättade för att hålla alla negativa tankar stångna.

Måndag den 25/7 kommer ett besked från IVO.

"MEDDELANDE

2016-07-25 Dnr 7.3-25348/2016-4

Avdelning öst

Magdalena Helgesson

IVO:s ställningstagande kring dina uppgifter

Du har skickat in uppgifter till Inspektionen för vård och omsorg (IVO)
Angående socialtjänsten vid Hägersten-Liljeholmens stadsdelsnämnd. IVO har registrerat dina uppgifter. De kommer att användas som underlag vid planering av kommande tillsyner. IVO kommer i nuläget inte att i nuläget genomföra granskning.

IVO har inte befogenhet att ändra eller upphäva socialtjänstens beslut och inte heller att ändra eller påverka socialtjänstens beslutsmotiveringar eller ekonomiska beräkningar. Socialtjänstens beslut kan överklagas till förvaltningsrätten och socialtjänsten har skyldighet att informera om hur det går till.

IVO avslutar härmed detta ärende.

Ansvariga för verksamheten inom socialtjänst, LSS och hälso- och sjukvård är skyldiga att ta hand om och utreda klagomål och synpunkter. Det du skickar in till IVO kommer därför att skickas till ansvariga för den berörda verksamheten.

Inspektionen för vård och omsorg, IVO, har ett uppdrag att bidra till en vård och omsorg som är säker, har god kvalitet och bedrivs i enlighet med lagar och andra bestämmelser. I IVO:s uppdrag ingår att genomföra tillsyn där risker för missförhållanden bedöms vara stora.

IVO avgör självständigt om de uppgifter som IVO får del av ska leda till tillsyn. IVO väljer även vad som i så fall skall granskas.

Du kan få mer information på www.ivo.se
För Inspektionen för vård och omsorg

Magdalena Helgesson
Inspektör"

"Utdrag ur socialtjänstens register enligt Personuppgiftslagen 26§

Handläggare: Dan Jensen   Datum: 2016-07-27
En sköterska från avdelning 34 på Nacka Sjukhus ringer och önskar vårdplanering då Tommy Liljehorn skall skrivas ut från sjukhuset. Enligt sköterskan har Tommy Liljehorn inget ytterligare vårdbehov

utöver öppenvård efter sin utskrivning men han behöver någonstans att bo. Vårdplanering behövs alltså inte i ordets strikta betydelse. Jag ber att få återkomma och överlämnar ärendet till biträdande chef samt vikarierande handläggare i ärendet."

Hm, här har jag alltså legat på psyket en vecka för att jag var på väg ut i skogen med ett rep för att jag ruttnade på soc, och då kan det bestämmas att jag inte behöver någon mer hjälp än öppenvården när jag blir utskriven. Hur fan kan dom veta det? En vecka efter att jag blir inlagd bestäms alltså vad som skall gälla två månader senare. Hur FAN ere möjligt?

"Handläggare: Cem Atci Datum: 2016-07-28
Utr. i telefonsamtal med SSK Peter på Nacka sjukhuset där Tommy Liljehorn vistas. Biträdande enhetschef Magnus Jonsson skall ha ett möte med Tommy 1/8-2016 och Magnus ber Utr. att skriva in Tommy på Frälsis härbärge från och med utskrivningen fram till mötet 1/8. SSK Peter tycker Tommy skall vara kvar på sjukhuset fram tills mötet då han inte är i skick att vara ensam.

Utr. berättar att han har möte på Telefonplans stadsdels förvaltning måndagen 1/8 kl 10:00. SSK berättar att det kan vara bättre att prata om boendet då med Tommy och att han kan stanna på sjukhuset fram till dess."

Hur är det möjligt att biträdande enhetschef Magnus Jonsson den 28/7 ber Utr att skriva in mig på Frälsis härbärge när jag blivit nekad nattlogi på just Frälsis 6 dagar tidigare? Vad är vinsten med detta deras agerande?

Augusti 2016

Den 1:a augusti var jag, Märta från pelarbackens medborgarkontor och Karin från uppsökarenheten på möte med Hägersten-Liljeholmens soc, där vi träffade enhetschef Magnus Jonsson och Rikhard Aaltonens ersättare Sandra Johansson.

Under det samtalet ville jag också ha svar på mina frågor ang hyreskontraktet i Tyresö, som Cem Atci sa var ett pussel och luddigt, också varför jag inte fått full

ersättning för juni. Det är ju deras agerande som skapat problemet från början genom att inte ge mig de brev jag skulle ha haft. Magnus kontrade med att

"om man inte ber om breven får man inte dessa."

Hur skall man kunna be om något man inte vet att man skall ha?

Vidare hade dom ju också bevisligen skickat ut breven utan att jag bett om det, eftersom dom ju faktiskt gått ut, fast till deras egna box och en adress i Rinkeby.
Svar kunde han ju inte ge naturligtvis, vilket jag väl kunde ha en viss förståelse för, men han skulle "titta på det" fast han sa inte när.

Genom ”Utdrag ur socialtjänstens register enligt Personuppgiftslagen 26§” framkom detta.

”Handläggare: Sandra Johansson Datum 2016-08-01
Besök på SDF Hägersten-Liljeholmen 2016-08-01
Deltagare:
UT och biträdande enhetschef Magnus J från SDF Hägersten-Liljeholmen, Märta ”” från medborgarkontoret och Karin ””, uppsökare från hemlöshetsmottagningen

Sammanfattning:
Det framkommer under samtalet att Tommy har i kontakt med psykiatrin i Nacka. Innan dess har han vistas 2 månader på vandrarhem.
Tommy uppger att han inte vill bo själv utan vill ha folk omkring sig, annars sjunker hans psykiska mående.

Tommy har upplevt att det har blivit fel i handläggningen redan från början, 2015-05-24. Han uppger att soc hägersten-liljeholmen har tilldelat honom felaktig adress vilket har resulterat i att han inte har fått post samt påverkat hans deklaration. Han uppger att han inte haft tillräckligt med tid för att kunna komplettera sina tidigare ansökningar innan han blir upplyst av av avslagningsbeslut.
Tommy uttrycker en hopplöshet i kommunikationen mellan han själv och Soc sedan 2016-04-25. Han upplever sin situation som personlig, att Soc inte förstår hans situation. Han beskriver sin situation som ett vakuum.

Tommy blir informerad av biträdande enhetschef Magnus att om FSS uppdrag, om hur han ska gå tillväga med sin boende situation samt information om best. Tommy blir informerad om detta två gånger under besökets gång.

Under besöket återberättar Tommy om olika händelseförlopp men det framkommer en viss oklarhet när han anger datumen till dessa händelser. Både måndag 23/? Och tisdag 23/? Berättar Tommy att han missat möte på SDF och att han blev utslängd från snabba boende utan att han blev informerad av Soc innan.
Under samtalet pratas det om Tommys boendeplan. Tommy har möjlighet till ett inneboendekontrakt på tyresö men har inte sett

kontraktet ännu. Han uppger att han känner sig nerslagen när han kollar på blocket. Tommy berättar att hyresvärden har skickat in hyreskontraktet till SDF.

Av biträdande enhetschef Magnus J får Tommy information om boende samt hyreskontrakt och vad som gäller. Tommy behöver ett godkännande av oss först innan han ingår i avtal eller att hyresvärden skickar in hyreskontrakt utan Tommys godkännande.

Tommy har varit i kontakt med Socialtjänsten i Tyresö kommun. Enligt Tommy är det oklart om de kan hjälpa honom.
Innan samtalet avslutas får Tommy information att vända sig till psykiatrin, vårdpersonalen skriver remiss till socialpsykiatrin."

Okej. Så jag är inlagd på psyket och får då vid ett möte med Magnus Jonsson och Sandra Johansson rekommendationen att vända mig till psykvården!? Öh???

Den enda anledning till att jag befinner mig på Nacka sjukhus avd 31 (psyk) är att Hägersten-Liljeholmen stadsdelsnämnd strulat bort boende och arbete för mig i Tyresö, men jag skall vända mig till psykvården? De enda som skall vända sig till psykvården är Hägersten-Liljeholmens stadsdelsnämnds chefer och socialassistenter.

I utdraget ur Socialtjänstens register enligt Personuppgiftslagen 26§ framgår också en uppgift om "från början" vilket enligt denna är 2015-05-24. Det finns dock ett register av detta utdrag med första datum 2015-07-31. Dock är första utredningsdatum 2015-08-25. Det vill säga nästan en månad efter inskrivning.
Varför finns inte dessa "INKOMMANDE INFORMATION" med i utdraget? Jag vet vad jag lämnade för uppgifter när jag blev inskriven.

2016-08-01 är det 25 dagar sedan Patricia Alphonse avbröt min boendeplan, som, may i say, jag följde. Nu står alltså Magnus Jonsson och ger mig information om hur jag skall gå tillväga med min boendesituation, detta hela två gånger under mötet, väldigt viktigt påtrycka den punkten att JAG fått information om detta TVÅ gånger, men hyreskontraktet i Tyresö då? anledningen till att det här mötet äger rum och den enda anledningen till varför jag överhuvudtaget sitter kvar i era klor, vad hände där?

Det framgår också av detta utdrag att
"Tommy har möjligen ett inneboendekontrakt på Tyresö"
Vore djävligt intressant få veta vad tugget om ett andrahandskontrakt från Cem Atci kommer ifrån.

Vidare framkommer också från samma utdrag att Magnus J informerar Tommy om boende och vad som gäller.
" Tommy behöver ett godkännande av oss först innan han ingår i avtal eller att hyresvärden skickar in hyreskontrakt utan Tommys godkännande."
Öh, var det inte ungefär det som hände här?

NI kontaktar hyresvärden och begär in ett hyreskontrakt bakom ryggen på Tommy Liljehorn. Ett kontrakt som ni sedan inte kan godkänna, men istället för att meddela hyresvärden om detta och begära in ett nytt hyreskontrakt av honom så kontaktar ni Tommy Liljehorn istället, som inte har en susning om att ni begärt in ett hyreskontrakt, och kräver att HAN skall skicka in en bättre kopia, för att det ni har fått in från hyresvärden på er begäran inte kan godkännas på grund av att det är otydligt och luddigt?

Har idag 2023-04-14 via mail gjort en frågeställning till Lena Möllberg, som idag är min biståndshandläggare på ekonomiskt bistånd, om hon kan hjälpa mig räta ut frågetecknet rörandes vilket datum jag egentligen blev inskriven. Mitt minne säger i slutet av juli 2015 men Sandra Johanssons anteckningar från den 1/8 2016 säger att det är 2015-05-25. Vilket alltså innebär drygt 2 månader tidigare.

Den 5/8 2016 kan man också utläsa följande rader i Utdrag ur socialtjänstens register enligt Personuppgiftslagen 26§

"Handläggare Sandra Johansson Datum 2016-08-05

Telefonsamtal

"Läkare på Nacka Sjukhus, psykiatrin ringer 2016-08-04 angående Tommys boende situation. Hon berättar om Tommys boendeplan samt undrar om SDF Hägersten-Liljeholmen kan bevilja boende åt Tommy då läkare misstänker att klienten inte är välfungerande samt har inte förmågan att fullfölja en sådan planering. Läkaren undrar om inte vi kan ordna boende åt Tommy.

Jag hänvisar till beställarmottagningen ifall klienten har ett behov av stödhjälp kring sitt boende.

Jag informera Läkaren om SDF:s rutin kring boende och boendeplan samt nämner att SDF inte bistår med boende utan enbart kan erbjuda boende på Härbärge. Läkaren frågar återigen om inte SDF kan erbjuda en plats på ett tidigare boende som han haft. Jag berättar att jag inte kan bistå med mer information och hänvisar Läkaren till biträdande chef Magnus J."

Dag lades till dag och blev dagar, som blev veckor, som lades till veckor, som blev månader. På sjukhuset träffade jag en kurator som jag hade en del möten med och som hjälpte mig med ansökan för ekonomiskt bistånd för september.

Jag började så smått använda mig av ett motionsrum, med cykel, sandsäck och lite annat skrot. Upptäckte att jag gått upp 10 kg sedan senaste vägninge och det gjorde ju inte saken direkt bättre. Sedan jag lagts in hade det varit mycket sängläge och en hel del godis.
En annan sak som jag också började med igen var snus. De första dagarna fick jag inte gå ut själv, det får man inte då man hamnar där, det var alltid någon skötare med om utifallatt, detta gjorde att jag började snusa igen. Möjligheterna att gå ut när man själv ville var starkt begränsade och skedde bara när personalen hade tid.

2016-08-09 fick jag beslut från Cecilia Nordenfelt på JO. Justitieombudsmannen.

"Du har i en anmälan klagat på Hägersten-Liljeholmens stadsdelsförvaltning i Stockholms kommun.
Det som du har uppgett ger inte anledning till någon åtgärd från min sida. Jag kommer alltså inte att utreda din anmälan.
Ärendet avslutas.

"Handläggare Sandra Johansson Datum: 2016-08-11

TELEFONSAMTAL.

UT kontaktar ssk på Nacka sjukhus.

Ssk uppger att Tommys läkare har gjort bedömningen att en SIP-planering skulle vara aktuellt. Syftet med mötet skulle vara att få prata om planering kring Tommys boendesituation.
(SIP betyder samordnad individuell plan)

UT frågar ssk om läkaren har gjort någon bedömning gällande Tommys ADL eller eventuell diagnos. Ssk svarar att hon inte vet men ska prata med läkaren.

UT gör det tydligt för ssk att SDF FSS inte bistår klienter bostad och rent generellt om det görs en bedömning att behovet är akut är det härbärge som kan erbjudas.

UT informerar att ssk att om läkaren har gjort en bedömning att Tommy är i behov av stödhjälp bör beställarenheten även närvara på SIP:en.

Preliminärt SIP-möte 16/8"

Jättevackra ord om boendeplan å annat skit. NEWSFLASH!! Jag hade boende på gång i Tyresö, vad hände med det? Vad hände med hyreskontraktet? En månad efter det att Patricia Alphonse avbrutit min boendeplan, som jag följde och hade boende och arbete på gång, för att sparkat ut mig på gatan skall det alltså pratas om ny boendeplan, vad hände med den gamla då? Varför skall det göras en NY boendeplan då den gamla inte följdes av Hägersten-Liljeholmens sdf? Vad är det som säger att en ny boendeplan kommer att fullföljas av dessa tomtar?

Handläggare: Sandra Johansson Datum: 2016-08-12

UT tar kontakt med ssk på Nacka sjukhus.

Ssk, uppger att enheten som klienten är inlagd på tillhör Äldrepsykiatrin.

Syftet med samtalet är att informera vården om att om det finns ett upplevt stödbehov, bör även en handläggare från beställarenheten kontaktas.
Ssk tycker att det vore bra om en handläggare från beställarenheten medverkar på mötet."

"Sandra Johansson

TELEFONSAMTAL.

UT kontaktar ssk igen på Nacka sjukhus.

Syftet med samtalet är att jag inte hinner kontakta en handläggare innan mötet äger rum. Jag ber om att få mötet ombokad.
Ssk meddelar att mötet behöver stämmas av med läkare innan någonting beslutas. Mötet bokas till eventuellt 25/8

UT ska kontakta en handläggare på beställarenheten."

"Handläggare: Sandra Johansson Datum: 2016-08-18

UT har 2016-08-18 varit i kontakt med beställarenheten på SDF angående ifall de också ska närvara på nätverksmötet tillsammans med Nacka sjukhus och klienten.

I samtal med biträdande enhetschef på beställarenheten är det möjligt att de kan närvara men de behöver mer information om syftet med mötet samt vilken typ av hjälp klienten är i behov av.

UT har försökt att nå personal på Nacka Sjukhus men ingen svarade i telefonen. Jag avvaktar tills de ringer tillbaka."
"Handläggare: Sandra Johansson Datum 2016-08-24

TELEFONSAMTAL. 2016-08-24

UT blir kontaktad av ssk på Nacka Sjukhus.
SSK undrar hur det blir med mötet. Jag uppger att jag har funderat kring syftet med mötet samt vad personalen har uppmärksammat hos klienten.
Jag hänvisar ssk att kontakta socialpsykiatrin och ger kontaktuppgifter till biträdande enhetschef Mirja Dalhberg."

Den 22/8 fick jag meddelande från IVO och deras ställningstagande på min nya anmälan jag gjort.
"MEDDELANDE
2016-08-22 Dnr 7.3-27495/2016-2
Avdelning öst
Ulf Modin

Du har skickat in uppgifter till Inspektionen för vård och omsorg (IVO) om socialtjänsten i Hägersten-Liljeholmens stadsdelsnämnd. IVO har registrerat dina uppgifter. De kommer att användas som underlag vid planering av kommande tillsyner. IVO kommer i nuläget inte genomföra någon granskning.

Ulf Modin

Inspektör"

Nähää... What a fucking suprise...

Handläggare: Sandra Johansson Datum 2016-08-24

2016-08-22

Det har kommit till UT:s kännedom av ssk på Nacka Sjukhus att Landstinget har gjort bedömning att Tommy är deprimerad, har låg initiativförmåga samt är i behov av stöd vid utskrivningen. Syftet med nätverksmötet är att man behöver sätta sig ner tillsammans med klienten för att kunna kartlägga hur man ska kunna hjälpa honom att strukturera sin vardag. Det framkom även att Landstinget anser att boendet är det viktigaste samt att klienten bör ansöka om personligt ombud."

Handläggare: Rikhard Aaltonen Datum: 2016-08-25

160825 Underläkare Jonas Brandesten (JB) från Nacka sjukhus avd. 31 ringer och frågar vad kommande möte egentligen går ut på.

Jag svarar att ekonomiskt bistånd inte kommer att delta i mötet utan endast socialpsykiatrin. Lägger till att jag inte vet syftet med mötet, men ekonomiskt bistånd kan inte ordna något boende till sökanden.

Jag hänvisar JB till ordinarie handläggare. JB svarar att han avslutar sitt vikariat 160826 men det går att kontakta övrig personal på avd. 31."

Kära Rikhard Aaltonen, Du gav 2016-05-19 Tommy Liljehorn en boendeplan gällande till 2016-07-20 alltså 2 månader att hitta ett boende. Tommy Liljehorn hittade ett boende i Tyresö, ett boende som också öppnade möjligheter till inkomst, ett boende som du själv hjälpte till att strula bort. Vore det inte på sin plats i det här läget att hjälpa Tommy Liljehorn få en bostad istället för den som du hjälpte till att strula bort?

September 2016

"Handläggare: Sandra Johansson Datum 2016-09-02

TELEFONSAMTAL 2016-09-02

UT får kännedom att Lena Enesved kurator från Nacka Sjukhus ringer och önskar en planering tillsammans med gemensam klient.

Lena undrar om Tommy har ansökt om ekonomiskt bistånd för september månad samt hur han ska ansöka om tillfälligt boende. Lena uppger att man vill planera i förväg om hur Tommy ska göra med bostadssituationen, vart han ska ta vägen.

UT ger information om hur man går tillväga för att ansöka om tillfälligt boende.
Jag berättar vad man behöver inkomma med för att jag ska kunna utreda ärendet och om det finns behov av tillfälligt boende.

Jag berättar att klienten själv måste inkomma med en ansökan om att denne vill ansöka om tillfälligt boende. Jag förtydligar att man alltid har rätt att ansöka om tillfälligt boende eller om ekonomiskt bistånd. Pågrund av att vi pratar mer om hur man ansöker om tillfälligt boende hann jag inte säga att jag inte kan uppge om någon har eller inte har ansökt om ekonomiskt bistånd.

Jag uppger att jag behöver återkomma efter samrådan med biträdande enhetschef ang mötet."

"Handläggare: Sandra Johansson Datum 2016-09-07
TELEFONSAMTAL 2016-09-07
UT blir kontaktad av Lena, kurator på nacka sjukhus.

Lena undrar hur det går med T:s ansökan för september månad.
UT meddelar Lena att jag inte kan ge någon information då det inte finns något samtycke från Tommy.
Jag meddelar att jag ska ringa Tommy angående samtycke och sedan hör jag av mig igen."

"Handläggare Sandra Johansson
I samråd med biträdande enhetschef Magnus J kommer Tommy bli erbjuden ett möte på SDF i samband med utskrivning. Syftet med mötet är att utreda Tommys boendesituation och utreda hans behov."

"Handläggare Sandra Johansson
TELEFONSAMTAL 2016-09-02
UT ringer upp Lena, kurator på nacka sjukhus igen.

Jag meddelar henne att jag har fått samtycke från Tommy.

Lena undrade vad vi pratade om. Jag meddelar att i samrådan med biträdande enhetschef Magnus J kommer Tommy bli erbjuden ett möte på SDF där vi kommer att prata om Tommys boendesituation.

Jag informar Lena att i samråd med biträdande enhetschef Magnus J, har inte vi på SDF möjlighet att boka tillfälligt boende i förväg utan SDF utreder när behovet är aktuellt.
Jag informerar Lena om beställarenheten/socialpsykiatrin samt att ta kontakt med dem.
Lena bekräftar informationen och säger att hon ska fundera samt återkomma till mig om hon har fler frågor.

Samtalet avslutas."

"Handläggare Sandra Johansson
TELEFONSAMTAL 2016-09-07
UT ringer Tommy angående samtycke att prata med hans kurator.
Jag frågar Tommy om samtycke och att det avser kontakten med kuratorn. Jag berättar att jag har pratat med henne men inte gett någon information om ansökan eller generell information då det saknas samtycke från honom.

Tommy ger sitt samtycke till kontakten med kuratorn.
Tommy pratar en stund om sin boendesituation. Inget nytt framkommer.

Jag informerar Tommy att när han skrivs ut är han erbjuden ett möte med SDF där vi kan prata om hans boendesituation. Tommy säger att han inte skrivs ut från sjukhuset förrän han har ett boende.

Jag ger information igen om att han är erbjuden ett möte när han skrivs ut. Tommy tackar för informationen och samtalet avslutas."

"Handläggare: Carina Cronwall Datum: 2016-09-15
Tommy har vänt sig till IVO med klagomål på handläggning och bemötande den 7 och 15 juli 2016.
Jag besvarar dessa klagomål i brev d d."

"Handläggare: Sandra Johansson Datum: 2016-09-15
TELEFONSAMTAL 2016-09-15
UT kontaktar T per telefon för att fråga vart han vill få sin posten från SDF skickad till. T svarar inte i telefon och UT lämnar ett meddelande med kontaktuppgifter så T kan nå mig.

S J U

Jag skrevs ut från Nacka sjukhus den 20 sept, trädgårdspysslarUffe, hjälpte mig med att köra mina prylar från sjukhuset till bilen då jag skulle tillbaka till Frälsis, och där skall man inte/får man inte ha för mycket pinaler. Efter avlastning körde han så ut mig till Telefonvägen 30 där Hägersten-Liljeholmens sdf härbärgerar och jag ringde Sandra från receptionen. Hon skulle fixa ett datum för möte så jag fick snällt vänta så länge.
Till slut kom hon hasandes med en lapp där det framgick att jag hade ett möte med henne dagen därpå den 21/9.

"Handläggare: Sandra Johansson Datum: 2016-09-20
Telefonsamtal 2016-09-20

Tommy kontaktar UT per telefon.
Han berättar att han är utskriven från Nacka Sjukhus och undrar vad som händer nu, vart han ska ta vägen och hur det blir med boendet. Det framkommer också under samtalet att Tommy väntar i receptionen på SDF.

Jag meddelar Tommy att jag behöver samråda med biträdande enhetschef Magnus J och sedan återkomma med information. I

samråd med biträdande enhetschef Magnus J görs bedömningen att boka ett rum över natten för Tommy på Frälsningsarmén.
UT bokar en tid åt Tommy 21/9 kl 10:00 i syfte att upprätta en boendeplan samt samtala om hans livssituation."

"Handläggare: Sandra Johansson
Besök i receptionen på SDF 2016-09-20

Ut träffar Tommy som väntar i receptionen. Jag berättar att jag har bokat en tid åt honom imorgon 21/9 kl 10:00 Jag berättar för Tommy att syftet med mötet är för att upprätta en boendeplan och följa upp vad som hänt sedan det senaste mötet på SDF. Tommy bekräftar informationen och säger att det går bra

Jag berättar att jag tänker boka ett boende på frälsningsarmén för natten och Tommy tackar ja till boendet."

"Handläggare: Sandra Johansson
Ut bokar tillfälligt boende över natten för Tommy mellan 20-21/9."

Det mötet var väl inte så mycket att hurra för egentligen, men jag frågade henne om sakerna jag tog upp vid mötet den 1/8 angående hyreskontraktet i Tyresö och om pengarna jag inte fått. Hon skulle kolla upp det, SA HON!!

Jag fick också då ett antal brev som de inte hade kunnat skicka mig, för de visste inte vart de skulle skicka dessa. HALLÅ! Nacka sjukhus avd 31.

Hon skulle höra av sej när hon visste någon tid för ett nytt möte.

Även Emeline från vuxenenheten var med några minuter, vi kom överrens om att vi skulle boka ett möte.

Efter mötet med Sandra vidtog väntan, då jag tänkte försöka ha dessa båda samtalen samma dag, men det blev bokat med Emeline den 28/9 Nytt möte med Sandra sattes till den 27/9 och då lovade hon att hon skulle ha kollat upp det jag ville ha svar på. Hm, believet when i see it.

"Handläggare: Sandra Johansson Datum: 2016-09-21

I samråd med biträdande enhetschef Magnus J beviljas Tommy tillfälligt boende till 27/9."

"Handläggare: Sandra Johansson Datum: 2016-09-23

UT kontaktar 2016-09-16 per telefon angående att Tommy är kallad på besök på sdf 27/9 kl 14:00.

Han svarar inte i telefonen, UT lämnar ett meddelande att jag har sökt honom."

"Handläggare: Sandra Johansson Datum: 2016-09-26

Telefonsamtal 2016-09-26

UT kontaktar T igen per telefon och han svarar.
Jag informerar honom att besök på sdf imorgon 2016-09-27 kl 14:00.
Jag informerar T att en annan socialsekreterare för ekonomiskt bistånd kommer att medverka i mötet. T bekräftar informationen.

T berättar att han inte har något boende för i natt. T uppger att personalen på frälis berättar för honom att blev bokat tills den 26:e.
Jag uppger att det måste vara något missförstånd då jag bokade honom tills 27:e. T meddelar att personalen behöver få veta innan klockan 14:00 ifall det blir förlängt.
Samtalet avslutas."

"Handläggare: Sandra Johansson Datum: 2016-09-26
Datumet i föregående journalanteckning är felaktig då UT kontaktade T 2016-09-23

Handläggare: Sandra Johansson Datum: 2016-09-26
Telefonsamtal 2016-09-26
UT kontaktar personalen på frälsningsarmén.

Jag berättar att jag hade bokat in en klient mellan 21/9-27/9. Jag förklarar att det måste ha blivit ett missförstånd då han fick bokningen tills den 26:e
Jag uppger att jag vill göra en ny bokning för inatt mellan den 26/9-27/9. Personalen bekräftar detta och T blir bokad för en till natt."
Den 27/9 när jag kom till mötet med Sandra, visade det sig att hon hade med sig en annan knickedick som jag inte minns namnet på, kan göra det samma, otrevligattitydtyp dock.

För det första var Sandra Johansson inte alls överhuvudtaget intresserad av att tala om någonting om det jag frågat om vid förra mötet och som hon lovat undersöka. Jag förde mina frågor på tal flera gånger, men ointresset att svara på några frågor var lika orubbligt fast som en full murare som ramlat i en cementblandare och glömts bort över natten.

Nu skulle det göras ny boendeplan, och jag skulle en gång i veckan inkomma med en lista över sökta bostäder. Jaha, varför då? Ungefär. Jag har ju sökt bostad och hittat en men den har ni ju schabblat bort men ni vill inte säga varför ni gjorde som ni gjorde.

Ni är ju skyldiga mig en bostad. He He, sådär höll jag på, i en timme. Mötet är förövrigt dokumenterat med inspelning, har lärt mig att skall jag bli betrodd måste jag kunna bevisa fakta till perversitetens övergräns, eller vad det heter.

Jag fick ett papper med en massa frågor att besvara, men då jag är begåvad med något som heter Asplöv eller gren eller va fan d e, så kan det vara knepigt för mig att svara på en enkel ja eller nej-fråga eftersom livet inte är svart eller vitt. Denna "begåvning" framkom dock inte förrän långt senare. Det hela slutade med att dicken slet till sig papperet med frågorna och svarade på dessa själv i princip.

Ingenting från detta möte finns antecknat, vilket ju kan bero på att det skulle ligga de till last om dess innehåll framkom i dagsljus. Nu är det dock så finurligt att detta, och många andra, möten finns bevarade genom dokumentering på digitalt fickminne. Så hela detta möte kan återge i dess kompletta helhet.

Nåväl, jag fick generöst nog en månad på mig att fixa ny bostad, sen skulle jag ut på gatan igen. Förra gången fick jag generöst nog TVÅ månader av Rikhard, de kanske tänkte att det blivit enklare fixa boende för en person utan inkomst, och som dessutom har kronkalle efter sig, eller så tänkte de inte alls, vilket nog tyvärr ligger närmre sanningen. TYVÄRR!!

"Handläggare: Sandra Johansson Datum 2016-09-27

I samråd med biträdande enhetschef görs bedömningen att bevilja T tillfälligt boende över natten.

UT bokar in T på frälis över natten. 26/9-27/9

Ut försöker kontakta T 3 gånger per telefon men han svarar inte."

Nåja, dagen därpå den 28/9 var jag så på möte med Emeline på vuxenenheten och lämnade in ansökan om att få komma in där. När jag kom tillbaka till Frälsis visar det sig att soc inte bokat någon mer natt.

Personalen ringde hemlöshetsjouren på kvällen och under detta samtal framkom att jag inte beviljades något nytt nattlogi, men de räckte över luren till mig, och jag fick då veta samma sak, hemlöshetsjouren kunde dock bevilja en natt till. Jag mailade Sandra samma kväll och undrade vad i helvete hon höll på med, fast med andra ord ej lämpliga i tryck.

Dagen därpå fick jag veta att hon bara beviljat mig en natt 27-28/9 och att hon försökt få tag på mig den 28:nde för att diskutera att jag själv skulle söka efter tillfälligt eget boende.

Vänta lite här nu, jag var alltså på möte med Sandra Johansson och en annan Knickedick på Telefonvägen 30, 9 våningar den 27/9 och då visste hon om att hon bara skulle boka en natt till men SA INGET!? Inte heller nämnde hon något om att jag själv skulle söka eget tillfälligt boende, det enda jag fått veta var att jag skulle hitta eget boende inom 30 dagar. Inte heller hade jag inkommit med lista på sökta bostäder. Jag kom ut från psyket den 20/9 och skall den 27/9 lämna en lista på sökta bostäder

UTAN ATT VETA OM DET!!!

Den 29/9 skulle jag träffa nya läkaren, Makaroni eller vad han hette, på Pelarbacken. Dock kändes det efter beskedet från Sandra att det kunde fan kvitta lika. Varför skall jag fortsätta äta tabletter å piller bara för att jag inte skall ta livet av mig så att soc kan fortsätta sparka och skita på mig? Det är väl för fan lika bra att bara öppna fönstret å hoppa!! Det slutade med att läkaren, som heter Makario, kom till Frälsis. Efter lite prata som jag inte minns om vad, fixade han i alla fall så att jag hade bokning till den 4/10.

Den 29/9 fick jag också mail från Sandra.
"Kopia: Magnus Jonsson

Hej Tommy

Du har beviljats en natt på Frälsningsarmén från tisdag den 27 september till den 28 september. Jag försökte nå dig per telefon utan framgång där jag skulle berätta för dig att du skulle undersöka möjligheten att fixa med eget tillfälligt boende. Således har denna information ej kunnat framföras. Onsdagen den 28 september hörde du inte av dig.

Utifrån det jag läser så råder jag dig att kontakta psykiatrin, är det akut så råder jag dig att kontakta akutmottagningen inom psykiatrin.

Biträdande enhetschef Magnus Jonsson kommer svara på de frågeställningar du har."

Här framgår klart och tydligt att jag givits löfte om att Magnus Jonsson skulle höra av sig angående de frågeställningar jag har. Eftersom detta finns förevigt i min mailbox kommer Magnus Jonsson aldrig slippa det oavsett vad han har för arbetsuppgifter på Hägersten-Liljeholmens stadsdelsförvaltning eller någon annanstans. Det framgår också klart och tydligt att han har fått en kopia på det här mailet från Sandra Johansson så han kan inte komma dragandes med att han missat det, speciellt inte eftersom jag med jämna och ojämna mellanrum stött på honom.

"Handläggare: Sandra Johansson Datum: 2016-09-29

I samråd med biträdande enhetschef Magnus J görs bedömningen att bevilja T tillfälligt boende från och med inatt 2016-09-29 tom 4/10.

En förutsättning att bevilja T tillfälligt boende är om han inkommer med en lista med sökta boende på fredag 30/9"

"Handläggare: Sandra Johansson Datum: 2016-09-29
Telefonsamtal 2016-09-29
Ut kontaktar T per telefon men han svarar inte.
Syftet med samtalet var att informera om att tillfälligt boende har beviljat samt att han bör inkomma med en lista med sökta boende 30/9"

"Handläggare: Sandra Johansson
Felaktigt datum i föregående journal

T beviljades tillfälligt boende natten mellan 27/9-28/9."
"Handläggare: Anna Sjöblom Datum: 2016-09-30

Under ordinarie socialsekreterare Sandra Johanssons frånvaro har jag läst e-postmeddelande till henne från Tommy enligt följande:

Och när hör Magnus av sej då?
Min nya läkare på Pelarbacken var här och pratade om vad han ville göra, men med den erfarenheten jag har av er så lär det ju inte bli något av det.
Det sista jag sa till dej vid mötet i tisdags var att erat agerande påverkar mitt liv, men jag verkar ha snackat för döva öron.

Hur kommer det sig att jag bara fick 2007.- för september, är normen sänkt eller? Fast det spelar väl ingen roll vad jag frågar om för några svar har jag ju aldrig fått ang pengar, så jag lär väl inte få några för okt heller.
Bokad nu till den fjärde, fast vad är det för mening med att vänta på fler problem?
/Tommy

"Då Tommy verkar vänta på besked från biträdande enhetschef Magnus Jonsson vidarebefordrar jag detta meddelande till honom för kännedom."

Nu är det dåligt med minnesanteckningar och pärmen med 2016 hittar jag inte, den ligger väl förmodligen nerpackad i någon låda, som i sin tur är inlagd längst in i ett hörn i ett förråd förstås, om det nu överhuvudtaget finns någon, men ungefär så här tedde det sig.

När den 4/10 knackade på dörren fick jag veta att jag inte längre hade någon mer rätt till nattlogi så det fick bli tillflykt till min gamla kära Cheva van i Farsta igen. Förmodligen gjorde jag ännu en visit på bolaget och sedan pizzerian, minns inte så noga, fast det kan göra detsamma, det är inget som påverkar biträdande enhetschef Magnus Jonsson, Stadsdelsdirektör Gunilla Davidsson eller handläggare Sandra Johanssons lust att svara på några frågor angående bortklantade hyreskontrakt i Tyresö, eller avbrutna boendeplaner den 8/7 i alla fall.
Krökade väl till och somnade, väldigt förmodligen eftersom jag vaknade dagen därpå. TYVÄRR!!

Den 5/10 var ingen toppendag precis. Lederna vrålade ut sina krämpor, samtidigt som ryggen kändes som om den hade blivit manglad i en press. Dagen som sådan kommer jag inte ihåg så mycket av. Minns inte vem som ringde vem, men på något sätt blev jag bokad på Frälsis igen, fast vad skulle jag med en bokning till? Jag skulle ju förmodligen ändå snart åka ut igen och då kunde jag ju lika gärna vara ute, hålla på och åka ut och in sådär som en sexgalen marskatt hade jag fan ingen lust med.
Uppsökarteamet ringde, en vän hade ringt dem, och vi pratade. Ju mer vi pratade desto mer tröstlöst kändes allt. Det slutade med att han ringde till St:Göran så dom skickade både polis och ambulans, sen

hamnade jag ännu en gång på psykakuten, där jag fick vänta ett par timmar innan jag blev inlagd. På morgonen hade jag ett samtal med en läkare som sa att deras uppgift var att hålla mig vid liv.

När jag satt och käkade ett par mackor, kom en annan och sa att jag inte var tillräckligt dålig för att vara där så det var ut på gatan igen.

Den dagen hade jag bestämt möte med Märta på pelarbackens medborgarkontor, men jag kände att det inte var nå'n mer mening med något, så jag satt där på sjukhusområdet och rökte medan jag funderade på hur jag skulle göra med saker och ting. Hade en del messkontakt med hon som ringt uppsökarna. Hon har varit ett stort stöd för mig eftersom hon vet vad jag gick igenom då hon själv hade liknande erfarenheter, hon har förövrigt lång tid innan denna hjälpt mig att överleva, fast det visste hon inte om.

Att ta sig från St:Göran till Pelarbacken, som ligger ovanför Björns trädgård vid Medis krävde dock en färd med tunnelbana och jag var ärligt sagt inte så pigg på att gå ner dit, kände att det kan tilta åt vilket håll som helst, men jag tog fram min mobil, och en bild på Cissi, som hon heter, sen höll jag blicken på henne hela vägen tills jag var framme.

Vad jag pratade med Märta om minns jag inte, men efter det träffade jag Jeanette, min psykolog, som gav mig mer medicin. När jag var där ringde soc och sa att jag var bokad till den 11/10 men att jag på måndagen skulle lämna in lista på sökta bostäder, jag sa igen att jag har ju gjort det där förut, men ni klantade ju bort den bostaden jag hittade, varför skall jag söka igen? Och varför kan ni inte säga vad som blev fel? Det kunde han inte svara på, det fick jag ta med Magnus Jonsson. Det har jag ju gjort men han svarar ju inte på det. Han skulle iaf återigen påminna Magnus om det.

Oktober 2016

"Handläggare: Christian Ringsten Datum 2016-10-06
Kontaktar Tommy Liljehorn per telefon och låter meddela att han är inbokad på Frälsningsarmén Midsommarkransen under perioden 161006-161011. För att ställning skall kunna tas om hans fortsatta rätt till tillfälligt boende måste Tommy inkomma med redovisning av sökta bostäder måndag 161010"

NEWSFLASH Christian!

Jag har sökt boende och haft det på gång i Tyresö, varför avbröt ni min boendeplan? Och varför kunde ni inte meddela hyresvärden att ni inte kunde godkänna det kontrakt han inkommit med på begäran från Rikhard Aaltonen? Hade jag givits chansen att göra det, hade jag förmodligen bott i hus på landet i Tyresö och jobbat inom byggbranschen vid det här laget, samt byggt upp musikverksamheten igen, och bilreparerandet, och fastighetsskötarverksamheten. =(

Den 10/10 var det dags för nytt möte mellan Jeanette och Makario och mig, ett möte där också Cissi var med eftersom hon visste en hel del om turerna i sånna här lägen.

Det bestämdes att pelarbacken skulle kontakta soc och förklara att jag inte skulle behöva söka bostäder i nuvarande läge, jag har så mycket andra problem att komma i ordning med innan.
Den 11/10 minns jag inte så mycket av, men jag fick väl fortsatt boende i alla fall, för jag var inte på gatan något mer.

"Handläggare: Sandra Johansson Datum: 2016-10-11
T är inbokad på frälis midsommarkransen från 11/10 tom 18/10.
För motivering se föregående journal."
"Sandra Johansson
T beviljas fortsatt förlängt boende på frälis i midsommarkransen. Ut har i samråd med enhetschef gjort bedömningen att bevilja T tillfälligt boende i väntan på att socialpsykiatrin ska inleda utredning och därmed kan behovet inte tillgodoses på annat sätt."

"Handläggare: Sandra Johansson Datum 2016-10-14

Sen anteckning från 2016-09-21

Besök på SDF

Deltagare: UT och T

OBS: Handläggare från socialpsykiatrin närvarande en kort stund under mötet.

Jag ger information till T att sekretess råder.

Det framkommer under samtalet att T har kontaktat socialpsykiatrin samt vuxenenheten.

Jag meddelar T att under tiden han inte har en fast bostad så kan han om han vill ha sin postadress här på SDF. Jag meddelar även att han kan hämta sin post i receptionen. T bekräftar informationen.

Inget nytt framkommer under i början på mötet. T anser att det är chefernas fel att han har hamnat på sjukhus.

T ringer handläggaren på socialpsykiatrin som kommer in i besöksrummet. T säger att det går bra att hon är med. T vill meddela handläggaren på socialpsykiatrin att han inte kan gå på deras gemensamma möte. T ställer frågor till handläggaren som rör ekonomiskt bistånd och hon svarar att hon inte kan svara på frågorna.

Jag berättar för T.o.m. han har frågor som rör ekonomiskt bistånd kan han vända sig till mig. Jag frågar T.o.m. han har frågor som rör socialpsykiatrin och vården så är det handläggaren från socialpsykiatrin som han skall vända sig till.

Inget nytt framkommer under samtalet. Handläggaren från socialpsykiatrin lämnar sedan mötet. T uppger att han upplever ett kaos i huvudet, att det är meningslöst att överklaga beslut har får från ekonomiskt bistånd.

Vi bokar in ett nytt möte nästa vecka."

Någonstans där i veckan fick jag också veta att Emeline skulle ha ett möte med socialpsykiatrin vuxenenheten angående mig på torsdagen den 13:de efter det var det tyst som i graven resten av veckan, inkl fredag den 14:de.

Måndagen den 17/10 var jag på nytt möte hos Makario, efter det mötet gick jag in till Jeanette och fick mer medicin, sen tog jag svängen förbi systembolaget och köpte en flaska whisky.

På väg till Frälsis passerade jag något som jag tolkade som ett gammalt nedlagt järnvägs-spår, intressant! Eftersom jag kände mig tvingad att undersöka saken närmre

blev det till att stövla ut i grönskan där jag hittade rör med ventiler som likt raketer stod rakt upp ur marken bland buskar och snår. Efter att jag närmre undersökt saken kom jag fram till att jag inte visste vad det var, kanske någon hemlig militäranläggning, eller skyddsrum, får nog fan bli ett besök på bibblan, eftersom jagsjälv inte hade internet.

Sen kom tisdagen och jag drack ur det sista av whiskyn. Efter det gick jag så till bolaget igen och köpte en 75:a Gin, sen blev det som det blev, jag fortsatte utforskningen av det gamla spåret och tunnlarna. Jag hade fått ett papper med veckodagarna på av Jeanette för att skriva i hur jag mår. rött/gult/grönt. Den kvällen blev det väldigt grönt. Tisdag den 18:de ringde jag till Sandra angående bokningen, fick veta att hon hade förlängt den redan på måndagen, jag hade missat samtal från henne den dagen. Onsdag den 19:de tänkte jag lämna in ny ansökan för ekonomiskt bistånd gällande nov, så jag travade iväg till banken för att hämta ut mina kontoutdrag, bara för att upptäcka att datorsystemet låg nere, det gick inte att göra någonting.

Häpp, vad göra? Jag gick till biblioteket och fördjupade mig i järnvägstunnlar å lite annat smått å gott från fornstora da'r. Efter denna fördjupande fördjupning gick jag hem och hämtade flaskan och fördjupade mig ännu mer, den em/kvällen blev det väldigt grönt på listan.

Torsdagen ringde jag först till banken och kollade om systemet var uppe, det var det, så jag stövla dit och hämtade ut utdragen, sen gick jag till soc och lämnade in ansökan. Sjukintyget hade Makario faxat, sen gick jag hem och fortsatte dricka det jag hade kvar i flaskan, onödigt säga att det blev grönt den kvällen också. Har för mej att det var ett samtal mellan mej och Jeanette på torsdagen, eller fredagen, om att mötet på soc den 13:de hade blivit framskjutet en vecka till torsdagen den 20:nde.

Lördagen gick jag till systemet i Liljeholmen och köpte en ny 75:a Gin, eftersom det inte säljs begagnade. =) Hittade pengar på gatan, someone up there must love me, tänkte att är det missbrukare man måste vara för att passa systemet så är det väl missbrukare jag får bli då. En annan sak är också att jag får idéer när jag dricker, en del bra, en del mindre bra. Samt en del riktigt dåliga.

När jag kom tillbaka från bolaget satt "Ryssen och Polacken" i en port och frågade om jag ville ha vodka, ja för fan sa jag, som redan tullat på det jag köpt. Frågade om det ville smakas whisky, men det villes det inte, inte mig emot, mera grönt på listan för min del. Den kvällen blev det några utgångar från boendet då det inte är tillåtet att dricka inne där, men man får vara påverkad, så det var bara stövla ut efter upphämtning av flaska i skåpet å underhålla salongsfyllan.

Senare på kvällen kom Polacken och undrade om vi skulle ut å ta lite, då drack han tydligen Gin, visst sa jag. Väl ute satt vi oss i samma portal som tidigare, han gav mig flaskan och jag skruvade av korken och tog några rejäla sippar och lämnade tillbaka. Han drog två-tre klunkar för att sedan spy som en gris i buskarna. Jag fortsatte att dricka min medhavda Whisky och blev ganska bladig. Väl inne igen skulle jag sätta mig och skriva på detta men jag somnade bara så till slut gav jag upp och gick och la mig.
Söndagen vakna jag och mådde skitbra.
När jag studerade flaskan förstod jag varför jag blivit så "trött" på kvällskvisten, inte många centiliter kvar där inte, räknade ut att jag dragit ungefär 70cl på 6-7 timmar, jag blev imponerad av att jag överhuvudtaget kunde göra något alls.

"Handläggare: Sandra Johansson Datum: 2016-10-21

Telesamtal 2016-10-21

UT kontaktar T i för att dubbelkolla vad T avser att ansöka om.

Jag uppger till T att jag ser att ansöka inte är korrekt. T förklarar att han får fått information om att han ska göra så från tidigare handläggare.

Jag bekräftar informationen och ber om att få ringa upp honom om ca 15 min för att kolla upp detta.

Jag ringer sedan upp T igen och bekräftar att han fått information och att jag bara vill dubbelkolla om det är fickpengar han avser att ansöka om. T säger att " vad skulle jag annars ansöka om". Jag bekräftar informationen och samtalet avslutas."

Måndagen den 24 okt var jag så tillbaka hos Jeanette igen med mina gröna dagar. Hon hade inte hört något från soc. När vi gick igenom min lista så reflekterade hon över att det var mycket alkohol inblandat och undrade varför, det är det enda som ger mig något nu sa jag. Det är därför det är så grönt där, men grönt är ju skönt enligt de lärde, nu skall jag även skriva i hur mycket jag dricker när jag dricker, suck, hur stor är en klunk?

Nåväl, jag fick mina piller och en uppmaning att försöka hitta något grönt där inte alkoholen var inblandad, jaha du, det skall vara gräsmattan d, det kan jag inte lova sa jag, sen gick jag till bolaget på väg därifrån då jag fått "lön" av soc, så det blev en ny 75:a Gin och några färdklunkar på vägen hem, drack inte så mycket, kanske 15-20 cl den kvällen, och fortsatte skriva här.

Tisdagen hände inte så mycket, messade Jeanette och frågade om hon hört något från Emeline och mötet, det hade hon inte, hon hade försökt ringa men fick inget svar, hon skulle försöka under morgondagen igen, efter det tog jag flaskan och gick ut för att bli "inspirerad" som jag kallar det då jag krökar till, inte för att det inte är sant, allt känns fan så mycket bättre med lite alkohol i systemet, fortsatte skriva på det här. Jaha hur mycket hade jag då druckit? Inte mycket, halva flaskan på två dagar inget att snacka om.
Onsdagen hände inte mycket mer än att jag drack ur det sista och fortsatte skriva.

Torsdag den 27/10 idag vaknade jag tidigt som fan, käkade grötfrukost och kände mig faktiskt för en gångs skull inspirerad utan alkohol, så nu har jag suttit och krattat med det här.

Angående socialens agerande har jag gjort flera IVO-anmälningar, JO-anmält och Polisanmält, inget hände på några håll där naturligtvis, mer än avslag. Vidare har jag varit i kontakt med både Kalla Fakta och

Uppdrag granskning utan resultat. Kontaktade även en journalist på Aftonbladet, som sa att det kunde vara intressant.
Nästa sak jag hörde var att han inte jobbade som journalist längre, men hade lämnat över det till en kvinnlig kollega, efter det hörde jag inget mer.

Jag har varit i kontakt med Stockholms stads socialborgarråds högra hand, eller va fan det heter, som sa att hon ville ha till ett möte, men det har lyst med sin frånvaro so far, hon tyckte säkert det lät intressant, men problemet är ju att det inte är hon som bestämmer, och Stockholmspolitiker vill väl inte gärna erkänna att det finns brister inom socialförvaltningen.

Det är märkligt att massmedia inte heller är intresserade av att ta upp hur vi, folket längst ner, blir trampade på av myndigheter, vad finns att vara rädd för? Dom kan göra reportage om en hästkrake som gått ner sig i en leråker, men inte ett ord om människor som gått ner sig i samhällsdyngan.

Och när man ruttnar på allt och väljer sin egna lösning så undras det varför? Då djävlar blir det fart på rapporteringar, om hur vi alla måste arbeta förebyggande för att undvika att folk tar livet av sig, men öda lite tid på dessa medborgare medans de lever, det går inte.

"Handläggare: Sandra Johansson Datum: 2016-10-31

Mejl från Tommy del 1

Från: Tommy Liljehorn

Skickat: den 29 oktober 2016 19:34

Till Magnus Jonsson; Sandra Johansson

Ämne: obesvarade frågor.

Den 1 aug var jag, Märta på pelarbackens medborgarkontor och Karin från uppsökarna på ett möte med er.

Då ställde jag några frågor jag vill ha svar på.

Bland annat gällde det ett hyreskontrakt i Tyresö. Den ena veckan sa ni okay, men sedan nästa vecka godkände ni inte kontraktet och 3 dagar senare sparkade ni ut mej på gatan.

Det medförde 2 månader på Nacka sjukhus avd 31 för min del.

Ni vägrar, trots frågan upprepade gånger, varför jag inte fick full ersättning för juni månad. De orsaker Rikhard angav som anledning till avslaget åtgärdade jag, och Rikhard sickade också mej ett mail där han skrev att han skulle bevilja bidraget.

Han uppgav aldrig att jag inte skulle få fullt bidrag.

Jag fick 2,477.- Men när jag begärde ut alla mina ansökningar och normberäkningar visar det sig att det finns TVÅ normberäkningar för juni. Ett på den summa jag fick, och ett på summan 4,680.- som jag aldrig erhållit.

Idag hade jag kunnat vara boende och haft jobb i 4 månader om ni inte klantat till det.
Vad är då 4 månaders jobb värt? Tja en inte alltför hög månadslön ligger väl på en 25000.- så 4 gånger 25000.- ger mej summan 100,000.-
Vem skall ersätta mej för det bortfallet?
För september fick jag bara 2007.- hur kommer det sig? Och hur kommer det sig att jag även för september erhöll två normberäkningar?
Jag har inte en djävla aning om varför ni är så satans ovilliga till att förklara allt detta. Fast nu skiter jag i att fortsätta jaga er för det här.
Jag har kommit i kontakt med en Stockholmspolitiker som har förklarat att dom börjat på att se över socialens agerande. Jag kommer att ha ett möte med dom, och förklara hur ni har agerat.

Jag kommer ge dom alla papper, mail samt även de inspelningar jag har av våra möten. Det känns rätt bra att ha politiker i ryggen i det här fallet.

Jag har också nu börjat sy ihop berättelser om mitt liv.

Där finns att läsa händelser från min uppväxt, med en morsa som var sadist och en farsa som var militärbefäl, via mina strävanden att i Enköping bygga hus, men som stöp på en företagare som också var ordförande i samfällighetsföreningen, och som hade kontakter i byggnadsnämnden.

Jag tar också upp det som gjorde att jag blev bostadslös, vilket fram till idag har kostat mej en miljon. Fast det skiter ju ni i.
Jag jobbade under många år med musik och spelningar i krogmiljö, men det duger inte helt plötsligt. Vad är det för skillnad på om jag tjänar 25000.- per månad genom att jobba med musiken eller med något annat?
Enligt Rikhard fick jag inte hålla på med musik för jag skulle söka bostad. Enligt vissa med insikt, så kan ni inte kräva detta av mej då jag är sjukskriven, fast det vet jag ju ingenting om.

Den 13:nde skulle visst Emeline haft ett möte med vuxenenheten för att diskutera mej, det mötet blev framskjutet en vecka, till den 20:nde.
Jag kontaktade Jeanette på pelarbacken i onsdags och frågade om hon hade hört något, hon hade försökt ringa, men inte fått tag på någon.
Sedan skulle hon fortsätta ringa på torsdagen, jag hörde inget från någon.

Jag drog ett mess till henne i fredags och frågade om hon hört något, men jag har inte fått svar, så jag antar att hon inte jobbade då.

Nu känner jag att jag faktiskt på fullt allvar är djävligt trött på hela skiten, och berättelsen jag håller på med hade jag tänkt skulle redovisa VARFÖR jag väljer att avsluta mitt liv.

Ingen skall kunna stå frågande inför ett fullbordat faktum och undra varför. OM, det nu blir så att jag väljer den lösningen.

Fram till dess fyller jag nu mina dagar med Whisky och GIN bara för att stå ut med erat skit."
"Mejl från Tommy del 2

Fram till dess fyller jag nu mina dagar med Whisky och Gin bara för att stå ut med erat skit. Jag har också smakat på tjacket, något jag svor på att aldrig ge mig in i, men det är skillnad på att stoppa ett blött finger i en påse med kokain och sedan dra av det i käften än på att sätta en spruta i armen.

Jag ber inte att få tacka er för dom 16 gågna månaderna, då ni uppenbarligen tillsammans med Patricia Alphonse bestämt er för att göra mitt liv till ett ännu större helvete än det var innan.

Att jag varit med och betalat på era löner i 20 år verkar inte vara någon fördel Vill ni inte jag skall komma tillbaka till livet, så kämpar jag väl inte för det heller. Nä, från och med nu blir det alkohol och kokain jag kommer ägna mig åt. För övrigt kan ni dra åt helvete, hälsa morsan!

mvh Tommy Liljehorn blivande alkoholist och drogmissbrukare.

Får ingen tag på mej på telefon, får ni ge er ut i skogen och leta i trädtopparna, för någonstans hänger jag."

"Handläggare: Sandra Johansson Datum: 2016-10-31

Telefonsamtal 2016-10-31

Eftersom att T inte svarar i telefonen så ringer jag ut till Frälis där han är bokad.

Jag frågar personalen om T är kvar där. Jag får till min kännedom att T är kvar på boendet.

Jag får till min kännedom att Frälsis upplever att det varierar hur T mår. Personalen på frälis uppger att T är ibland trött på allt och alla samt på sig själv. Jag får även till min kännedom att T har börjat dricka samt upplevt av personalen påverkad på boendet. Personalen uppgav att T var ute och drack alkohol fredags,lördags och söndags.

Det framkommer även under samtalet att personalen uppmanade T i lördags att ta en dusch. Personalen uppgav att T berättade för dom att han inte hade tagit en dusch på tre veckor.

I övrigt framkom det under samtalet att P upplever annars är det är okej.

Jag ber personalen att räcka över telefonen till T så att jag kan få prata med honom. Personalen går iväg att och fråga T. Personalen kommer tillbaka och säger att T inte vill prata med mig, det framkommer inga anledningar till varför T inte vill prata. Jag bekräftar informationen och samtalet avslutas."

Förmodar att personalen inte ville delge Sandra Johansson det faktum att jag bett henne dra åt helvete.

November 2016

"Handläggare: Sandra Johansson Datum: 2016-11-01
Ut har förlängt boendet på frälsis t.o.m 9 november då det planeras att bokas in ett möte tillsammans med socialpsykiatrin och pelarbacken 16/9"

"Handläggare: Sandra Johansson Datum: 2016-11-07
Sen anteckning från 2016-09-27

Deltagare: UT, medhandläggare Christian och T.

Mötet inleds med att sekretess råder.

Syftet med mötet är att upprätta en boendeplan, förändringsplan samt IB3- vägen till egen försörjning.
Sammanfattning:
Inget nytt framkommer angående T:s situation. UT och Christian får frågor som vi inte kan svara på. T hänvisas att kontakta enhetschef för att få svar på sina frågor.

T skriver under boendeplanen, vi upprättar en förändringsplan samt IB3."

Frågorna jag vid detta möte ställde var frågor Sandra lovat undersöka och Christian var ju förmodligen den otrevligaattitydtypen. Boendeplan fick jag i maj, den 19:de närmre bestämt, av Rikhard Aaltonen, den skulle gälla till den 20/7 varför avbröts den den 8/7?

Arbete försökte jag komma igång med under tiden i Bromsten, men då ansågs musik vara en hobby, så va fan är problemet? Jag har ju redan gjort allt det här en gång, frågan är varför Hägersten-Liljeholmen sdf valde att inte korrekt förvalta mina insatser?

"Handläggare: Anna Lindkvist Datum:2016-11-10

Tommy har hört av sig till mottagningen dd, önskar förlängning på boendet då det gått ut. UT kollar journalen, ingen information tyder på att boendet skall avslutas. Ringer frälsningsarmén och meddelar förlängning t.o.m 15/9 Ringt Tommy och meddelat."

"Handläggare: Sandra Johansson Datum: 2016-11-15

Ut förlänger boendet på frälis till och med 2016-11-23 (1 vecka) i väntan på möte tillsammans med beställarenheten, pelarbacken samt T den

2016-12-05. Behovet kan inte tillgodoses på annat sätt."

"Handläggare: Sandra Johansson Datum 2016-11-15

UT fick kännedom av beställarenheten den 2016-11-14 att mötet som skulle ha ägt rum 2016-11 16 är inställt av personalen på pelarbacken.

Idag 2016-11-15 ringa ut till pelarbacken för att boka om mötet, det nya datumet är 2016-12-05 kl 13:00 på pelarbacken. Ut avvakta en dag att kontakta T för att meddela mötet tills beställarenheten har meddelat att dem inte kan komma eller inte."

"Handläggare: Sandra Johansson Datum: 2016-11-29
I samråd med enhetschef görs bedömningen att förlänga tillfälligt boende för T då behovet kan inte tillgodoses på annat sätt.

Ut förlänger förlänger boendet en vecka t.o.m 2016-12-06"

"Handläggare: Sandra Johansson Datum: 2016-11-29
Telefonsamtal 2016-11-29

December 2016
Ut ringer till Frälis midsommarkransen och förlänger boendet för T, t.o.m 2016-12-06."

Handläggare: Sandra Johansson Datum: 2016-12-06
Trepartsmöte på Pelarbacken 2016-12-05.

Deltagare: UT, T och sjukskrivande läkare samt sjuksköterska. Beställarenheten Hägersten-Liljeholmen skulle ha varit med men uteblev men meddelade i förväg innan mötet ägde rum.

Mötet inleds att personalen på pelarbacken undrar hur det går med SHIS och när inflyttningsdatumet är.

Jag hänvisar frågan till handläggare på beställarenheten. Jag informerar att det är handläggaren på beställarenheten som har skickat remissen dit. Jag förklarar att enheten för ekonomiskt bistånd inte gör remisser dit och ger information hur vi arbetar med bostadssökeri.

T uppger att det fungerar bra på frälsis, det är en säng och tak över huvudet, att det alltid är något. Det framkommer under samtalet att T inte alltid sover på frälsis. I övrigt framkommer det inget nytt om då T bland annat pratar om tidigare hyreskontraktet på Tyresö.

Jag berättar för T att jag har försökt att nå honom per telefon men det är inte alltid han svarar. T svarar att han inte vill prata med enheten för ekonomiskt bistånd. Han säger att han vill ha mejlkontakt då han vill ha "alltid svart på vitt".

Jag får till min kännedom att T pågår behandling i dagsläget samt att han måste fullfölja den innan en utredning kan påbörjas.

Sjuksköterskan uppger att dem önskar en ny betalningsförbindelse, jag meddelar att dem får skicka en förfrågan och skriva vilka/vilken medicin som efterfrågas.
Innan mötet avslutas planeras ett nytt möte i januari/februari. En förfrågan ska skickas till beställarenheten. Tanken med mötet är att upprätta en samordnad individuell planering (SIP)."

"Utredare: Sandra Johansson Datum 2016-12-20
Mejl till T

Hej Tommy.
Jag ringde till dig igår angående ansökan om ekonomiskt bistånd för januari 2016.

I din ansökan uppgav du att du ansökte om hemutrustning. För att kunna utreda behovet om hemutrustning behöver jag och en annan handläggare för enheten för ekonomiskt bistånd göra ett hembesök. Hembesöket behöver utföras innan eventuellt bistånd beviljas. Jag behöver även veta vilken typ av hemutrustning du vill ansöka om.

När du flyttar till SHIS i Farsta 2016-12-02 och skriver kontrakt, ombeds du att inkomma med en kopia på hyreskontraktet till enheten för ekonomiskt bistånd, Hägersten-Liljeholmen. Du kan antingen skicka kontraktet som brev eller via fax. Det går även att personligen lämna handlingen i receptionen.

Jag vill även informera dig om att du är bokad på Frälsis till 2017-01-01.

Om du har frågor var vänlig att kontakta mig.

I tjänsten
Sandra Johansson."

Med anledning av detta mail från Sandra skickade jag ett svar som innehåller en del "formuleringar" som kanske inte faller alla på läppen, men det skiter jag i, this is life. När man under en längre tid blir misshandlad av översittartyper som skiter fullständigt i lagar och regler fast man gör som man blir beordrad så rinner det liksom över.

"Handläggare: Sandra Johansson Datum: 2016-12-22
T skickar ett mejl 2016-12-22
Mejlet skrivs ut och sorteras in i akten."

"Från Tommy Liljehorn

Skickat: den 22 december 2016 11:39

Till: Sandra Johansson

Ämne: SV: Ärende

Va fan håller du på med?
Har du fått direktiv av Rikhard, Patricia och Magnus att du skall fortsätta som dom gjorde eller?

I min ansökan dom faxades in förra torsdagen skrev jag att jag skulle flytta till Farsta den 2/1 på TVÅ ställen.
Jag visste inte då vad kostnaden var eftersom jag inte fått någon avi.
Den ansökan kunde du inte bevilja eftersom du och en till var tvungen att göra hembesök för att konstatera att jag behövde husgeråd.
Jag svarade dej i ett mail i Tisdags vad jag behövde ang husgeråd, och samtidigt uppmanade jag dej att stryka den ansökan.

NU undrar du om jag ansöker om hyran till Farsta, gjorde jag inte det i ansökan för en vecka sen?
I den ansökan framgår det att utbetalningen önskas till senast registrerade konto hos socialtjänsten.
Vad är det du inte förstår?

Den 27 sept var jag på ett möte med dej och en annan plattfot, du lovade vid mötet innan det att du skulle ta reda på vad som hänt med hyreskontraktet i Tyresö samt andra innehållna ersättningar.
Jag fick inte veta någonting om det vid mötet. Du håller också inne med inf om att du bara tänker bevilja en natt till på Frälsis, varför fick jag inte veta det vid det mötet?

Efter mötet med Emeline den 28 får jag veta, när jag kommer tillbaka till Frälsis att du inte bokat mej. När vi ringer till hemlöshetsjouren på kvällen får personalen här veta att ni inte beviljar mej något mer nattlogi.
Varför sa du inte det vid mötet den 27?

Då hade jag precis kommit ut från Nacka sjukhus avd 31 (psyk) och så gör du på det här sättet, tror du jag mår bättre av det?

Ni har förstört så in i helvete för mej.
Ända sedan den 25 April har det bara varit strul, det sista jag sa till er vid mötet den 27 var att ni måste tänka på hur ni agerar mot mej, för det avgör hur jag mår.

Uppenbarligen snackar jag för döva öron när det gäller er, så varför säga nå't alls då? Jag har 300 spänn kvar, jag hade kunnat haft fan så mycket mera om ni inte gjort som ni gjort. Jag har inte fått några som helst svar på några av mina frågor, varken av Rikhard, Patricia, Cem dej eller Magnus Jonsson, TROTS att ni lovat det.

Nä, jag e trött på erat skit nu, dom pengarna jag har kvar tänker jag bränna på bolaget, sen får jag se hur det blir ang fortsatt leverne.
Jag orkar inte me erat skit längre.

Tänker du hålla på och fortsätta så här? Varför?
Tror ni att jag är nån djävla maskin som bara går och går oavsett hur mycket skit ni kastar på mej?
Gör hur fan du vill, jag skulle ha varit på julmiddag i Farsta i dag, men du sänkte mej med det här. På julafton är jag bjuden till att bo på hotell via Pelarbacken, jag får se om det blir nån djävla julafton i år.

OM, jag säger OM, det blir någon jul till är upp till dej.
Jag är färdig nu. Ni har hållit inne pengar utan att säga varför. Ni blåste ett hyreskontrakt med arbetstillfälle åt helvete för mej.
Jag skulle idag bo i ett hus och haft inkomst i 5-6 månader, men ni blåste allt åt helvete och vägrar att säga varför. Sen ställer ni en massa krav på mej och säger att målet är att jag skall bli självförsörjande, det skulle jag redan varit, men NI DU och dina kolleger blåste allt åt helvete.

Den bästa sommaren i mannaminne låg jag på sjukhus därför att NI sparkar ut mej på gatan pga att NI gjort fel. Hängsnaran har jag kvar och är inte främmande för att använda den. Bolaget har öppet imorgon också.

Så have a Good fuckin' Christmas and a happy fucking new year,

/Tommy"

"Handläggare: Sandra Johansson Datum: 2016-12-22

Mejl till Tommy.

Från: Sandra Johansson

Skickat: den 21 december 2016 15:18

Till: Tommy

Ämne: SV: Ärende

Jag har fått kännedom genom Emeline att du har fått en hyresavi för Januari 2017. Hon har skickat en kopia till mig.

Min fråga till om du vill ansöka om kostnaden? Det går bra att göra en muntlig ansökan eller skriva en bekräftelse som svar på detta mejl.

Jag undrar också om du önskar biståndet utbetalat på ditt konto eller om stadsdelsförvaltningen ska betala hyreskostnaden direkt till hyresvärden?

I tjänsten, Sandra Johansson

Socialsekreterare"

Den uppmärksammade noterar att den sista journalanteckningen från Sandra Johansson är ett email hon skickat mig den 21/12 2016 men inte fört in i journalen förrän den 22/12 2016. Det är alltså inte jag som placerat den fel vid detta tillfälle. Jag skriver av dessa journalanteckningar exakt ordagrant.

"Handläggare: Sandra Johansson Datum: 2016-12-22

Telefonsamtal 2016-12-22

Ut ringer till till sökande men han svarar inte i telefone.
Jag ringer till Frälis där han vistas.
Personalen räcker över telefonen till T.

Jag frågar T om att han vill ansöka om hyreskostnaden för Januari 2017.
T får informationen att handläggaren från beställarenheten har gett mig hyravi för Januari 2017.
Tommy blir upprörd och pratar om något helt annat .

Jag ger samma information igen, T svarar att han vill ansöka om kostnaden samt att SDF kan betala in hyreskostnaden.

Jag frågar angående ett mejl tommy skickad idag 2016-12-22 om att han har en hängsnara. Jag uppger att jag är orolig för honom och undrar om jag skall kontakta pelarbacken åt honom. T säger att det inte spelar någon roll och att dem inte kan göra något."

Så blev det då jul och den fick jag så möjligheter till att tillbringa på hotell. Pelarbacken har, eller hade i alla fall, ett samarbete med ett hotell i Stockholm city som gav bort en möjlighet för mindre lyckligt lottade medborgare, och eftersom mina läkare uppenbarligen ansåg mig tillhöra det gebitet tyckte de att det voro något för mig. Visst, varför inte? slippa Frälsis nå't dygn vore ju inte helt fel.

Det ingick käk och alkoholfri dryck, eller om det var lättöl också, kommer inte ihåg. Efter maten begav jag mig till bar-avdelningen och köpte en öl och en Whisky och slog mig ner i en bekväm fåtölj och slappnade av.

På nyheterna kommer då meddelande att Rick Parfitt från Status Quo avlidit. Jahaja, så djävla mycket för den djävla trevliga julen. Fan, han höll ju på med ett soloalbum.

Nu minns jag inte exakt svängarna efter jul, men jag fick väl iaf mina stålar för till nyår skulle jag bege mig till min vän Puh och hans lilla skogskoja som han byggt i ett skogsområde i närheten av Frälsis.

Innan jag besökte honom besökte jag så ock bolaget och köpte svindyr djävla Japansk Whisky å lite andra nyårsbraåhadrycker. Det skulle firas nytt boende i egen bostad med badrum med badkar, samt köksprång och kylåfrys så det fick kosta. Dessutom tyckte jag Puh var värd lite schysst blask också. Finns foto från detta tillfälle någonstans på någon Facebooksida.

Det var riktigt trevligt i Puhs lilla koja bestående av bland annat en massa frigolit, dessutom hade han fixat el också så det var varmt och gott. Vi käkade allehanda godis å drack öl å whisky å käkade rosa kanelgifflar. När det var dags gå ut å titta på raketerna å jag reste mig upp blev det ett djävla drag i blodomloppet, såg inte så mycke raketer, men jag var glad i alla fall för jag skulle ju flytta, dessutom har man alltid kul med Puh.

Efter raketerna skildes vi åt, åt varsitt håll och jag gick hem till Frälsis, NOT.
Kom på att klockan var en bra bit efter 22:30 så jag planerade åka till bilen och lägga mig, om jag nu bara visste åt vilket håll jag skulle gå

för att nå tunnelbananen, slutade med att jag blev väckt av några personer som var på väg hem, då hade jag somnat över ett räcke på en bilparkering, ni vet den där låga plankan där numren sitter. Dom frågade hur jag mådde, joda för fan sa jag, lite berusad bara, jag är på väg till Farsta å bilen för jag kommer inte in på boendet nu.

Dom uttryckte saken som så att jag nog med största sannolikhet inte skulle bli insläppt i någon tunnelbana. Men jag måste till bilen annars blir jag tvingad till att sova utomhus inatt. Till slut lånades min telefon. Det står Frälsis förklarade jag.

Personalen fick läget förklarat för sig och tack vare/på grund av min oerhört skötsamma läggning, tror jag, förbarmade sig personalen och tyckte att: Jamen kom hit me han så får han komma in, jag skulle ju ändå snart flytta.

Så jag blev eskorterad till entrén men hur jag lyckades ta mig upp för trapporna är en gåta, men in kom jag iaf för jag vaknade da'n därpå fullt påklädd i sängen. Men kul hade jag, för det sa Puh. =)

ÅTTA

Januari 2017

FARSTA

2017-01-02 Var jag på plats i Farsta och skrev kontrakt på en liten 1:a. Såg fram emot 5 år där jag kunde få landa utan en massa märkliga människor omkring mig i vartenda rum så som situationen varit på Frälsis, utom på muggen. Ett alldeles eget badrum som dessutom var beskaffat med badkar, vilket jag hade saknat länge, ett litet kök, eller vrå eller vare kallas för. Riktig spis med riktig ugn och riktig kyl/frys. Schysst sjukhussäng med massa inställningsmöjligheter. Ja djävlar.

Ett gymutrymme med diverse trasiga apparater fanns i ett grannhus, men motionscykel och en ställning med vikter där man sittandes kunde rycka slita å dra var bättre än inget.
Snart började dock verkligheten krypa sig på. Jag ville skaffa bredband men se det gick inte hur som helst. Till att börja med hade jag skulder hos KronKalle som var av kategorin telefon, så dessa måste först fixas, men så uppenbarade sig problemet att jag inte fanns. SUCK.

När jag satt där i min lilla lya i Farsta utan vare sig stekpannor, grytor eller andra behövliga köksprytttlar på grund av Sandra Johanssons hembesöksbehov, gjorde jag ett besök i godisrummet, andra kallar det soprum, där det införskaffades diverse pryttlar sås om stekpannor, grytor, lakan, handdukar, tvål, schampo å fan vet om jag inte hittade en micro oxo, mikrovågsugn är nämligen inte en pryl som ingår i köksattiraljerna enligt socialtjänstens sett att se på det hela.

Alla hjärtas dag 2017 fick jag en jättefin present av ödet.
TRE djävla fucking datorer la av. Först bestämde sig en lapptopp för att sluta visa mojjarna eller va fan d heter, dom man klickar på för att starta olika prylar. När jag efter detta nederlag sparka igång ett gammal hederligt torn, det vill säga stationär, bestämde sig bildkortet i skiten för att gå hem å lägga sig under täcket. Den tredje datorn bestämde sig helt enkelt för att inte starta alls. FUCK YOUUUUU LOOOOOSER!!

Mars 2017

Jag kunde inte bara hur som helst bli skriven på adressen i Farsta eftersom jag fallit ur systemet då jag varit *"folkbokförd utan känd hemvist sedan 19 januari 2016"* så jag var tvungen att personligen infinna mig på något av skatteverkets servicekontor för att med legitimation bevisa att jag existerar och att jag är jag.

Då jag äntligen bevisat att jag är jag för det statliga skattev(ä)rket och kunde mantalsskriva mig på adressen Farstavägen 56 hittade också en massa andra mer eller mindre ljusskygga inkassoföretag mig. Bland de första inkassokraven var Nacka sjukhus.

"Vilken djävla fräckhet, vill dom ha betalt? VA FAN!?"

Jag ansökte om kostnaden på 7,310.- för den tiden jag varit på avd 31, men tyvärr visade det sig att fakturorna jag hade inskickat, eller va fan det heter, till socialtjänsten var påminnelser, och se DET går inte att godkänna, för sådana är reglerna. FÖR HELVETE MÄÄÄÄÄN!!

Vi skall ha originalfakturan! Problemet var bara att jag inte hade någon. Under de två månader jag var inlagd på sprattelhuset erhöll, fint ord, jag vet, jag inte en enda faktura. Hur i helvete skall jag få tag på några originalfakturor som aldrig skickats till mig? Fast nu verkar det ju ha mindre sexuell betydelse eftersom avslaget berodde på att, eftersom jag inte ansökt när jag skulle ansöka, det vill säga samma månad som kostnaden uppstod, så fanns inte längre behovet.

Det skall jag komma ihåg nästa gång jag lämnar in en pryl för reparation. När jag hämtar ut den kommer jag vägra betala för behovet av reparation kvarstår inte längre.

Juni 2019

Den 3:dje juni höll jag på att göra en Volvo S-80 "sommarfin". Jag satt på passagerarplatsen emedan musik skvalade ur bilradions högtalare, vilket var möjligt enbart tack vare att nyckeln satt i tändningslåset och var ställd på "garageläget" det vill säga ett hack.

Plötsligt står det en myndig polisman utanför bildörren och myndigt deklarerar med myndig röst *"kliv ur bilen"* samtidigt som han med hela handen på militäriskt manér pekade på mig.
"Visst, inga problem, det kan jag väl göra".

Jag blev beordrad att ställa mig med händerna på höger framskärm med benen brett isär. Snuten frågade om jag hade några sprutor, nålar eller droger på mig, varpå jag uppgav att sån't skit håller jag inte på med. Jag var tillräckligt konstig i pallet redan när jag föddes, jag behöver inte förstöra de få normala hjärncellerna jag har genom sån't skit. Jag dricker öl å whisky.

Sedan vidtog en muddring av den hemske medborgaren, som, enligt en inringare var drogpåverkad så till den grad att om han satte sig i bilen och körde, skulle köra ihjäl folk.

Efter det beordrades jag att ställa mig framför vänster framljus med händerna på huven. Minns inte, men jag TROR att motorhuven var i uppfällt läge. Efter en del dividerande frågade han mig om jag hade ID, joda, för fan, sa jag, eller nå liknande, och drog fram mitt körkort. Han gjorde ett inrop, eller va det kallas för, till centralen att det var bilägaren själv som pysslat med sitt egna fordon och att denne inte hade några droger varken på eller i sig.

Då den myndige polismannen insett att den hemske medborgaren inte hade några droger, varken på eller i sig, och bett om dennes om id och genom denna handling fått klarlagt för sig att det var självaste bilägaren han hade att göra med, gick han tvärs över Färnebogatan till Lysviksgatan för att berätta för inringaren, Sören, som stod utanför en lastbil från Bellmans åkeri att den hemskt kriminelle och drogpåverkade varken var speciellt kriminell eller drogpåverkad.

Som av en "slump" har alltså två stycken av varandra oberoende lastbilschaufförer sett samma person, på samma plats, på samma gata, begått brott. Jag vet inte om Tobias Larsson som skulle ha sett mig på en skymd plats iklädd mörka kläder på en mörk gata utan belysning verkat onykter 2020-03-26 och därför stannat för att beskåda min skönhet, är samme person som "SÖREN" från Bellmans Åkeri.

På grund av PUL kan jag tyvärr inte få ut de uppgifterna, men jag har i alla fall fått ut händelserapporten som bevisat att det har hänt, och det är det vikigaste för mig. Om Tobias Larsson och Sören är samma personer vet de ju inom rättsväsendet, ingen idé att fundera över.

Vad jag däremot funderar över är varför polisen inte bad om leg med en gång för att identifiera den person han hade att göra med denna dag? Från början handlade detta enligt utdraget från STORM (polisen register) en alkohol och drogpåverkad person som gör inbrott och försöker tjuvkoppla ett fordon, på passagerarplatsen med nycklarna i tändningslåset spelandes musik på bilstereon.

N I O

Februari 2020

"Journalanteckningar

Reg dat Reg av Rubrik Händelsedatum

2020-02-20 Mats Hall Beslut 2020-02-20

Anteckning

BEDÖMNING/BESLUT

AKTUELL SITUATION:

Tommy har sociala och medicinska skäl. Han har kontakt med Beställarenheten/socialpsykiatrin beviljas SHIS boende samt med Pelarbacken och pågående planering. Planerad SIP uppföljning 200323.

Sökanden har åtta bilar skrivna på sitt namn. Rådrum kommer ges där sökanden behöver värdera och sälja sina bilar. Sökanden själv menar att de har inget värde och tänker inte sälja dem. Sökanden har själv inte heller uppgett han har bilar som tillgångar i ansökan. Detta kommer att utredas vidare.

Utifrån Tommys mående och situation, samt för att ge honom möjlighet att kunna värdera och sälja bilar, har han fått längre tid på sig gällande detta. Tommy informerades åter 2020-02-19 att försäljning ar bilarna gäller och att de annars kommer värderas till marknadsvärde och räknas som inkomst. Han behöver därför inför mars ansökan visat att han agerat och värderat bilar, samt göra sig av med de bilar av värde och skrota de som inte har värde, då det annars kan påverka hans rätt till hans ekonomiska bistånd.

Handläggare på beställarenheten som har kontakt med Tommy och beviljar SHIS boendet. Tommy behöver även vara medveten om vilka krav som ställs på honom då ekonomiskt bistånd inte är kravlöst och att Tommy också behöver samarbeta samt har eget ansvar.

BEDÖMNING:
Sökanden har inkommit med begärda handlingar för att fatta beslut avseende ekonomiskt bistånd inför mars 2020 och har pågående planering. Vidare utredning gällande tillgångar kommer att ses vidare kring de åtta bilar sökande äger. Sökande bedöms således ha rätt till ekonomiskt bistånd för denna månad, då behovet inte kan tillgodoses på annat sätt. Rätten till bistånd för mars föreligger.
Sökande önskar alltid SHIS hyran betald direkt
BESLUT: Se besluten."

Okej. Låt oss nu analysera denna bedömning gjord av Mats Hall.

"Sökanden har åtta bilar skrivna på sitt namn"
NÄPP, det har han inte. Han har åtta FORDON och har så haft ända sedan han skrevs in hos Hägersten-Liljeholmens sdf i juli 2015. Varför har de blivit ett problem nu?

Av Jamas första anteckning 2015-07-31 framgår klart och tydligt att Tommy har ett antal skrottbilar som utredaren själv anser inte har något värde. Det är således en kunskap som vid detta datum funnits hos er i 1,665 dagar.

" Han behöver därför inför mars ansökan visat att han agerat och värderat bilar, samt göra sig av med de bilar av värde och skrota de som inte har värde"
Om bilar inte har något värde, varför måste dessa då skrotas?

"Tommy behöver även vara medveten om vilka krav som ställs på honom då ekonomiskt bistånd inte är kravlöst och att Tommy också behöver samarbeta samt har eget ansvar."
Låt oss här stanna till ett ögonblick och titta på en journalanteckning av Rikhard Aaltonen den 19/5 2016

"Tommy Liljehorn ska ordna eget boende/rum senast 2016-07-20. Möjliga lösningar som Tommy ser är inneboendekontrakt i Stockholm eller andrahandskontrakt i Stockholm med omnejd.

Tommy Liljehorn skall vara inskriven på Bostadsförmedlingen och söka de lägenheter han kan få. Han ska även aktivt söka bostäder av privatpersoner, både som inneboende och i andra hand och kontakta sitt nätverk. Tommy skall ta kontakt med Bostadsförmedlingen och ta kontakt med budget- och skuldrådgivare. Tommy skall aktivt delta i Boskola.

Tommy Liljehorn ska besöka receptionen varje måndag och lämna in lista över sökta bostäder och sedan kommer Undertecknad att kontakta Tommy för vidare diskussion om han harföljt den uppgjorda arbetsplanen."

Så du förstår Mats Hall, redan den 19/5 2016 fick Tommy veta vilka krav som ställdes på honom, dessa krav gjorde att han till slut hittade möjlig bostad och inkomst i Tyresö. Frågan är varför Patricia Alphonse valde att den 8/7 avbryta den boendeplan han fått av Rikhard Aaltonen den 19/5 och som gällde till den 20/7?

Du kräver i mars 2020 att jag skall avyttra mina fordon som helt plötsligt blivit ett problem utan minsta vilja att fördjupa dig i varför min boendeplan avbröts av er då jag hade boende på gång?

2020-02-20 har det passerat 1,322 dagar sedan NI avbröt den boendeplan jag följde.
1,298 dagar har förflutit sedan Magnus Jonsson vid ett möte 2016-08-01 gav mig muntligt löfte att undersöka saken.
1,239 dagar har förflutit sedan jag av Sandra Johansson mottog ett st mail i vilket hon gav mig löfte att Magnus Jonsson skulle höra av sig med anledning av mina frågeställningar.

Så den STORA frågan Mats Hall är: VAR FAN HÅLLER MAGNUS JONSSON HUS?

Jag tycker det är djävligt magstarkt av er att i denna min situation påstå att jag måste förstå att det ställs krav på MIG, när NI uppenbarligen skiter totalt fullständigt i vad socialtjänstlagen kräver av er, och det faktum att jag redan uppfyllt de krav ni ställt.

Att ni sedan först VÄGRAR att lämna ut mina dokument, för att sedan skylla på att ni inte hittar dem gör ju inte saken bättre för min Aspergerhjärna. Jag har helt enkelt DJÄLVIGT svårt för att förstå hur ni kan sitta och ställa nya krav på mig då jag redan uppfyllt de krav ni flera år tidigare ställt, men som ni inte kunna förvalta.

Det beror inte på MIG, Mats Hall, att jag 2020-02-20 befinner mig i den sits jag befinner mig i, jag har gjort vad ni har krävt att jag skall göra, när skall NI göra det LAGEN kräver av er att NI skall göra?

Mars 2020

2020-03-12

Mail från mig till både Josef Gyllenberg på socialpsykiatrin och Mats Hall.
"Hej.

Jag har kontaktat Petter på Pelarbacken och meddelat honom att SIP-mötet den 23/3 är inställt från min sida pga soc attityd och inställning mot mej.

Som det ser ut nu kommer jag att flytta ut den siste April eftersom jag inte kommer få fortsatt bidrag pga som problem soc ställde till med genom sitt agerande i Juli 2016 då dom klantade bort hyreskontraktet i Tyresö och nu även säger att dom slarvat bort alla mina dokument, så jag kan inte få ut dessa längre.

Jag har gjort ny IVO-anmälan.

Jag har ruttnat genom, på soc agerande och kommer ägna resten av mitt liv åt att sprida kunskap om dess agerande gentemot mej. Detta överlämnar jag till Janne Josefsson & co att gräva i.

Jag hade arbete och bostad på gång, MEN, tyvärr klantade soc bort dessa.
Jag tänker inte längre acceptera att bli skjuten på för problem soc ställer till med.

Mvh Tommy Liljehorn
Farstavägen 56
12334 Farsta"

Jag erhöll samma dag följande svar av Mats Hall.

"Hej Tommy!
Tråkigt att du avbokar SIP-mötet den 23 mars. Om du ändrar dig får du kontakta Petter för ny tid till SIP-möte.
Vänliga hälsningar
Mats Hall
Socialsekreterare
Hägersten-Liljeholmens stadsdelsförvaltning
Enheten för ekonomiskt bistånd och beroendefrågor."

Inte en enda rad eller bokstav om det jag har blivit utsatt för från deras sida. Man kan ju tycka att Mats Hall vid det här laget borde ställa sig själv frågan, vad handlar det här om egentligen? Tommy pratar hela tiden om ett hyreskontrakt och boende i Tyresö som vi uppenbarligen på något sätt har sumpat bort, och det här med avbruten boendeplan? Men inte en enda fundering.

I detta läge är det enda viktiga att Tommy avyttrar sina fordon även om det bara är skrot. Men varför inte i detta läge Mats Hall, ta reda på VARFÖR Tommy sitter i detta läge?

Den 25/3 skickar jag nytt mail till Mats Hall.

"Ämne: Uppsagd bostad.

Hej. Tänkte bara meddela att jag idag har sagt upp kontraktet, 1 maj är jag ute. Jag har blivit sparkad på i 4 når nu pga era snedsteg, nu får ni hitta nå'n annan att sparka på.

Med vänliga hälsningar Tommy Liljehorn"

Dagen efter, den 26/3 erhöll jag svar från Mats.

Hej Tommy!

Hoppas det går bra.

Vänliga hälsningar

Mats Hall"

När jag så insett att jag snart återigen skulle tvingas till bostadslöshet på grund av socialtjänstens djävla idiotier ruttna ja igenom rejält, det i sin tur ledde till att jag den 26 mars gick och satte mig på New Castle In, kvarterspuben i området, och krökade till det rejält. När jag ruttnat igenom tillräckligt tyckte Zeki, krögaren, en onormalt ball typ som brukade stå å raka huvet i baren, att jag ruttnat igenom just tillräckligt, för typ ett halvt sekel se'n och skulle gå hem, så gick jag hem. Eller inte riktigt.

På väg hem såg jag att det var en djävla massa "spillutrymme" mellan Chevan "Kalven" och Folkabussen "Skalman" så jag tänkte sammanföra dessa för att maximera utrymmet. Framför Kalven, som fått sitt namn på grund av dess bensinkonsumtion, fanns en bit på några meter så jag tänkte: Jag knuffar fram den till bakänden på bildjäveln framför, se'n kan jag knuffa fram Skalman, som fått sitt namn på grund av att denne har huset med sig, till bakänden på Kalven, då frigör jag 2-3 parkeringsplatser.

Hade på känn att mina vrak inte var så välsedda i området, vilket jag senare också fick bevis för, så jag tänkte verkligen anstränga mig för att det skulle bli så bäst som möjligt, tyvärr ville dock ödet annorlunda.

För att kunna knuffa fram Chevan var jag tvungen till att ställa hjulen rätt, jag brukar alltid vrida dessa åt höger när jag parkerar. Om någon lyckas trycka till den bakifrån åker den inte ut i vägen, men för att kunna ställa om hjulen var jag tvungen starta motorn då Kalven är utrustad med något så changtilt som styrservo.

Så motorn startades och hjulen ställdes i rätt läge och parkeringsläget frigjordes. Det spelade ingen roll vilket annat läge väljaren stod i, förutom backen, då något var fel så att den inte drog. Jag knuffa fram bilen 2-3 meter, när jag var nöjd med denna uppgift stängde jag av och gick bakåt för att utföra proceduren på Skalman.
Skalman har INTE servo.

När jag stod vid vänster bakljus och knuffade var det någon som tog tag i mig bakifrån, det var en snut. Någon skulle ha sett mig köra den okörbara Chevan, så det blev till att blåsa och sedan följa med till stationen.

Jag berättade om vad jag hållit på med, inklusive uppgifterna om den trasiga växellådan, tyvärr var det en detalj som förhörande polis Jocke A utelämnade från förhörsprotokollet och jag tänkte inte på att det saknades, jag konstaterade bara att det som stod där var sagt, inte att jag sagt saker som INTE stod med, så där begicks första misstaget.

När jag senare blev tillbakakörd hade det varit en smal sak för Jocke A och Thomas A (poliserna) att undersöka körbarheten hos detta fordon, men sviker mig inte minnet helt djävligt fick de ett anrop och var tvungna att dra vidare. Går kanske att få fram uppgifter om.

Blev av med styrlappen och hade bara att se fram emot en rättegång, som visade sig vara ett stort skämt från början till slut. Har nu sammanställt material för anmälan mot vittnet gällande falsk angiveri och mened. Idag 2/5 2023 har jag förstått att mened inte faller under allmänt åtal, får se vad det slutar någonstans. Vill de ha ett eget "Snippafall" skall de fan ta mig få det.

Vid rättegången visade det sig att vittnet inte mindes någonting av vad han påstått sig sett. Ursprungshistorien är att, vi kan kalla honom Tobias, kommit och kört med en kompis på en gata i Farsta och sett mig vid passagerarplatsen på en vit Cheva van, Kalven. Han tyckte att jag såg berusad ut och bestämde sig därför att vända i nästa korsning och köra tillbaka till en annan gata han passerat innan han skall ha sett mig, för att där ställa sig och titta på mig. Jag skall då enligt honom gå och sätta mig i Chevan, starta den och köra in i framförvarande bil, för att sedan kliva ut via passagerardörren, vilket han tyckte var konstigt och anledningen till att ringde han snutarna.

Plainspotters, Trainspotters och Ships-spotters har man ju hört talas om, vore intressant att få veta hur många människor som lider av "drunkenpersonspotters" syndrom.

7 månader senare minns han inget av det han påstår sig ha sett. Hans story är då att han kommit och kört och tyckt att det har sett konstigt ut med en bil mitt i en korsning.

När åklagaren till slut återger vad han sagt från början återfår han så minnet till viss del så att det stämmer fram till vilket fordon det gäller, för då är det helt plötsligt inte en vit Cheva van jag skall ha kört utan bilen bakomför, vilket är en svart VW-buss, ett fordon han inte sagt ett ljud om under 7 månader men som helt plötsligt är det fordon det handlar om.

Han minns förövrigt inte heller hur bilen ser ut, "en skåpbil" blir hans svar. Något annat inte helt oväsentligt han dock säger är att han INTE sett mig köra det fordon han sett mig stå vid, förövrigt det enda korrekta han säger under hela rättegången, och som är det fordon åtalet gäller.

Så den vita Chevan som är omöjlig att inte minnas, blir i hans minnesbild en svart VW-buss som är omöjlig att inte minnas, fast han minns den inte. Båda bilarna har stått på platsen under mycket lång tid både före och efter den 26/3 2020. Varje gång Tobias passerat platsen har han alltså sett båda fordonen, vilket gör det märkligt då han påstår att han inte minns hur dessa ser ut. Förövrigt är inte något av de båda fordonen speciellt diskreta.

Att jag nu anmäler honom för falsk angivelse och mened beror på att han helt enkelt inte har kunnat se mig på den plats han påstår. För det första saknar denna del av gatan belysning och ligger i ett kompakt mörker, för det andra, Chevans högersida och trottoaren skymdes av det bakomvarande fordonet, för det tredje var jag mörkt klädd.

Att vittnets historia är lögn i det avseendet bevisas med film, foto och sunt förnuft, men tyvärr anser inte rättsväsendet det är en konstig historia. Svea Hovrätt måste dock tyckt att det funnits substans i mitt bevismaterial då de har överklagat domen till HD, som inte höll med. Ärendet är avslutat för deras del, ja deras del kanske, men inte för en envis tjurskallig oskyldigt dömd Smålänning, som dessutom är begåvad med Aspgren, eller va fan det heter? Fortsättning följer.

MAJ 2020

2020-05-07

Nytt mail från mig till Mats Hall.

"Ämne: Dokument??

Tjena Mats.

Tommy Liljehorn här.

Pga omständigheter över vilka jag inte råder har det gått trögt med utflyttningen från SHIS, men jag beräknas vara utflyttad på måndag iaf. Ev hyreskostnader får NI stå för eftersom det är NI som strulat till min livssituation.

Vidare undrar jag också varför jag inte får något svar på min fråga ang dokument NI påstår att jag skall ha lämnat in till er och som legat till grund för ERT beslut i juli 2016 att sparka ut mej från Boendet i Bromsten.

Patricia Alphonse påstod då att all min mailkonversation sparades elektroniskt i min akt. VARFÖR, Mats kan jag inte få ut dessa dokument? Ok att jag inte kan få ut allt på ett usb, men jag vill ha ut dokumenten jag skall ha lämnat in den 30/6 2016 i form av ett hyreskontrakt. Vidare har jag begärt ut dokument på ett hyreskontrakt jag skall ha lämnat in den 2/7 2016. VARFÖR, får jag inte ut dessa dokument, och varför får jag inga skriftliga svar på varför jag inte får ut dessa?

Är det så att ni är mer intresserade av att sitta i media och förklara er istället för att förklara för mej? Fine, inte mej emot, men nu är jag inne på målrakan av mitt liv. Nu har jag inte tagit medicin på flera veckor och känner att det kan tilta åt vilket håll som helst, men det skiter ju jag i, för NI, skiter ju fullständigt i vilket också, så varför skall JAG bry mej?

Kom ihåg en sak bara, det är NI, som kommer ha mitt blod på era fingrar när jag tar beslutet, och absolut INGEN, kommer att undra varför, eftersom jag kommer se till så att ALLA vet, varför jag tar beslutet. Mvh Tommy Liljehorn"
2020-05-11

Svar av Mats Hall.

"Hej Tommy!
Har du följt all planering enligt reglerna ska det väl inte vara något problem. Som redovisats om du ansöker ska du redovisa värdet på dina fordon som du står som ägare för, som du fått information om.

Gällande att all mailkonversation sparas den inte i akt gör den inte det. Utan det som sparar finns i journalen inskrivet och som dokument. Som tidigare meddelats har tyvärr en del dokument kommit bort i arkivet, men journaler har du fått utskrivet.

Vänliga hälsningar
Mats Hall"

JUNI 2020
2020-06-09

Nytt mail till Mats Hall.

"Ämne: Ang dokument mm
Hej Mats.
Du kommer bli kontaktad av en person som åtagit sig att titta på ert agerande mot mej dom senaste 4 åren. Jag träffar henne på torsdag och fixar fullmakt. Hon kommer få alla dokument jag har.
Hon jobbar inom socialpsykiatrin och har erbjudit sig själv.

Mvh Tommy Liljehorn"

Dagen efter 2020-06-10 kommer svar av Mats Hall.

" Hej Tommy!

Välkommen att inkomma med samtliga dokument och förklara vad det gäller.

Hälsningar,

Mats Hall

Socialsekreterare"

Förklara vad det gäller? Är du helt rubbad i huvet din dumma djävel eller? Du vill att jag skall förklara vad det gäller, jag har ju för fan inte gjort något annat sedan första bokstaven. Tycker att det här bevisar hur helvetes mycket socialhandläggarna egentligen bryr sig.

Kom som sagt var i kontakt med en tjej, Lovisa, som åtog sig att titta lite närmre på deras agerande. Så jag skrev under en fullmakt som gav henne rättighet att prata med vem som helst om vad som helst hur som helst, när det gäller mig, men se det sket sig då jag var tvungen att säga med vem, och om vad, hon skulle få prata. Jösses.

Juli 2020

2020-07-01

"Anteckning Reg av Mats Hall.

Avslutas då sökande inte ansökt på två månader sedan han fick rådrum på sinna åtta fordon.
HUSHÅLL: Ensamstående man utan barn. BOENDE: Har själv för två månader sedan via beställarenheten sagt upp SHIS boende.
PLANERING: Tommy har 8 fordon enl. kontroll med infotorg.
Rådrum har givits för fordonen men då slutade sökande att ansöka."

Har själv sagt upp boendet. Javisst, eftersom DU, Mats Hall, gjorde klart och tydligt för mig att jag inte skulle få fortsatt beviljat ekonomiskt bistånd om jag inte avyttrade mina fordon för marknadsvärdet som DU bestämt till 5000.- st, såg jag ingen annan råd än att säga upp boendet då jag inte skulle ha pengar till hyran, och vräkning via kronofogden hade jag fan ingen lust till att ha i mina papper.

Anledning till att sökande sluta ansöka var för att han visste att det var meningslöst. Han hade inga som helst möjligheter till att avyttra sina fordon för 5000.- st. Inte heller ansåg han sig vara skyldig till det eftersom han vid denna tidpunkt skulle ha bott i Tyresö, en möjlighet som förlorades helt och hållet på grund av att NI strulade bort den. Så varför be om något jag ändå vet att jag inte kommer att få? För mig med Asperger är det väldigt enkelt. Om ni säger att jag inte kommer få ekonomiskt bistånd beviljat, varför skall jag då ansöka?

Jag har visserligen givits möjlighet att göra egen värdering av mina fordon, men det har inte varit möjligt eftersom de flesta av dem står i en lada 13 mil bort, och jag har varken pengar, bil eller körkort nu för att kunna genomföra en värdering då det inte är gratis att värdera fordon, men det tar dom ingen hänsyn till. När jag blev inskriven ansågs inte dessa fordon ha något värde och nu skall jag sälja allihop för 40,000.- för det anses värdet vara enligt Mats Hall.

Att jag inte längre har körkort beror ju på att ett "vittne" skall ha sett mig, alkoholpåverkad, framföra ett icke framförbart fordon, så snutarna kom och drog det i slutet av mars 2020.

Att jag knuffade fordonet några meter på grund av en icke fungerande växellåda togs ingen hänsyn till, eftersom Joakim A utelämnade den uppgiften från förhörsprotokollet och min försvarare Elisabeth A inte meddelat samma uppgift till åklagaren innan rättegången. Det räckte med att någon påstod sig ha sett mig köra och att jag var på platsen alkoholpåverkad. Att denne "någon" under rättegången sa att jag INTE kört fordonet spelade ingen roll. Han hade ju sagt det från början och åklagaren bara SKULLE ha till en fällande dom, så han köpte att det var ett annat fordon det egentligen handlade om.

Idag är det ju tyvärr så att vi har en pandemi vid namn Covid19 vilket gör att det jag skulle kunna arbetat med inte längre finns, då staten bestämt att folksamlingar över 50st inte är tillåtna.

Då jag i mars 2020 fick klart för mig att jag inte skulle bli beviljad bidrag från maj tvingades jag säga upp kontraktet den siste mars eftersom jag inte skulle kunna betala hyran från maj såvida jag inte uppvisade dokument på att jag avyttrat mina fordon för marknadsvärdet, som alltså plötsligt anses vara 5000.- st men som de inte kan klargöra för hur dom kommit fram till.

Detta var något som var helt omöjligt för mig att göra, och inte heller skulle behöva göra. Alternativet till att själv säga upp kontraktet och flytta ut var att vänta på kronofogden och vräkning. Målet är att vara utflyttad till den 4/5.

Tyvärr har det varit tungt för mig att nå det målet då jag inte längre får mina mediciner vilka jag behöver för att kunna hålla huvudet över vattenytan och orka med all skit som ständigt vräks över mig. Dels har inte SHIS tillåtit mig köra in med bilen på gården på grund av markförhållandena, det är bara hantverkare och blåljuspersonal som har tillstånd till det. Fick dock tillstånd köra in EFTER den 4/5 för att flytta kartonger, märkligt att marken DÅ tydligen håller, men inte två år tidigare.

Det här med mina fordon är en märklig historia i sig.
Jag blev inskriven på Hägersten-Liljeholmens socialtjänst i juli 2015 MED fordon, utan att någon sa någonting om att jag inte fick ha det. Mitt mål har hela tiden varit att komma igång med arbete och egen försörjning, och det enda jag sett att jag kunnat arbeta med är musike. Jag drev eget med F-A skatt i mer än 10 år, åtminstone som deltid så jag finner det märkligt att det inte har kunnat accepterats i mina strävanden att komma igång igen, utan sett musiken som en hobby, TROTS att jag kunnat påvisa att jag tidigare haft det som inkomst, dessutom var det inget jag dolde när jag blev inskriven, de fick t.o.m en cd jag gjort 2006, fast den har de väl också slarvat bort, minns inte om det var nå'n av de första jag träffade eller om det var Jama, men fått den har de.

Den nya socialassisten, Mats Hall som jag fick den 1/1 2020 har varit fullständigt ointresserad av att gå på djupet med det som tidigare hänt och som är grunden för det faktum att jag fortfarande sitter i knäna på denna institution. Jag menar att om de inte strulat till det med hyreskontraktet hade jag ju inte varit kvar där och då hade mina fordon inte spelat någon roll.

Nu har dessa blåbär, trots löfte om att ge svar, hårdnackat vägrat redogöra för vad och varför saker och ting blivit fel. Det är ju enklare att fortsätta sparka på en stackare som redan är skjuten i sank och ligger och kravlar i skiten, än att erkänna sina egna fel och brister och rätta till sina egna övertramp.

Vid mötet i februari 2020 fick jag veta att det skulle göras en Lex-Sarah-anmälan angående de försvunna dokumenten och eventuellt en vidare anmälan till IVO, nu har jag inte så stor tilltro till vare sig IVO eller JO då jag gjort 6 IVO och 3 JO anmälningar som samtliga lämnats utan åtgärd.

Har efter mycket frågande dock fått svar på frågan ang deras Lex-Sarah anmälan. Den gjordes den 12/3 och den 31/7 fick jag veta att den utsedde handläggaren skulle ta tag i den efter sin semester, och detta SKYNDSAMT. Det dröjer alltså således mer än 4,5 månader innan det ens påbörjas en utredningen. Hm, skyndsamt var det ja, men det är ju enligt SOL, som vi ju vet inte existerar längre.

Under tiden kan man ju tycka att soc skulle kunde backa på sina krav gentemot mig och att jag måste avyttra mina fordon, sälja eller skrota, men icke, DET kan de inte backa på, för så är deras regler. Att det är tomtarna själva som skapat situationen från början verkar vara av mindre intresse.

SÅ, måndag den 3/8 kommer således att vara den sista dagen för mig i detta boende, sedan blir det bilen igen, hur länge min hjärna orkar kämpa utan sina mediciner återstår att se. Utan pengar att köpa mat för kommer jag ju i vilket fall som helst ändå svälta ihjäl så småningom, vilket inte är ett trevligt sätt att dö på. Nä, då väljer jag hellre själv, att innan dess, bestämma tidpunkt för mitt frånfälle.
Nu är jag utflyttad sedan den 28/8 och bor i bilen, utan pengar, mat, mediciner, eller värme. Har gjort totalt 7 IVO anmälningar, ingen har gått vidare. 4 JO som inte heller lett till någon åtgärd.

Senaste budet från en Toni Mellblom, som förövrigt höll i Lex-Sarah utredningen, är att jag blev utsparkad från boendet på grund av att jag bott på det sättet så lång tid, så nu har jag 3 olika uppgifter, från 3 olika håll, angående anledningen till att min boendeplan avslutades i Bromsten den 8 juli 2016. Ingen stämmer!

Först Patricia Alphonse den 8/7 2016, då var det på grund av en uppgift om boende i Tyresö. Den andra uppgiften fick jag från Carina Cronwall i ett brev i april 2019, då var det för att jag inte hade lämnat in ett korrekt hyreskontrakt istället för det som jag, enligt henne i denna skrivelse, skulle ha inkommit med den 2/7 2016, inga svar på var hon fått den informationen ifrån, vore intressant få det klarlagt med tanke på att den 2/7 2016 var en lördag. Och nu alltså från en Toni Mellblom, som påstår att anledningen var för att jag bott för lång tid på det sättet.

Den 31/7 2020 fick jag veta av samme Toni Mellblom att den Lex-Sarah-anmälan som gjorts den 12/3 2020 angående mina försvunna dokument skulle påbörjas när den utsedde handläggaren kommit tillbaka från sin semester.

Enligt vad jag och den boendestödjare jag haft i Farsta, Petter, har kunnat läsa oss till skall en Lex-Sarah-utredning påbörjas omgående, ske skyndsamt och vara klar på 2 månader. Här har alltså inte ens utredningen påbörjats efter 4,5 månader och jag får inga svar annat än att jag fått svar av Carina Cronwall, som med sitt brev i april 2019 inte gav några som helst svar, däremot fler frågor, som när jag frågat efter svar på inte lyckats få annat svar än att jag fått svar på mina frågor i en skrivelse i april 2019. SUCK.

I febr 2019 lyckades jag så, efter många försök, äntligen få ut min journal. I samband med detta fick jag ett brev av Susan Alis Merwanson att vända mig till enhetschef Izla Malkey Racho angående

uppgifter i min akt. När jag så gjorde fick jag svar på mail att hon inte längre var kvar som enhetschef.
Om det nu är så att det finns en uppgift om ett annat boende, kan man ju tycka att jag hade kunnat få ut uppgiften om vem som skrivit in den, men det går inte, för uppgiften har försvunnit från min elektroniska akt, vilket jag undrar hur den kan göra såvida inte någon utomstående tagit bort den manuellt.

Om det nu var så att Hägersten-Liljeholmens sdf inte kunde godkänna det kontrakt de själva begärt in från HV, är det ju märkligt att jag inte kunde få på mig till den 20/7 att fixa felaktigheterna i det, vilket är det datum då jag senast skulle ha fixat boende i enlighet med den boendeplan jag fått av dåvarande handläggare Rikhard Aaltonen, en boendeplan jag följde. Det är då också oerhört märkligt att jag från Patricia Alphonse den 11/7 får veta att jag kan bortse från begäran att inkomma med ett nytt HK, och att planen för min boendeplan löpt ut.

Om jag är mitt uppe i att fixa ett hyreskontrakt som inte har blivit godkänt, hur kan jag då sparkas ut på gatan INNAN min boendeplan har gått ut, utan möjlighet för mig till att fixa till det felaktiga, eftersom jag inte fått veta vad det felaktiga bestod av mer än att det var otydligt och luddigt. Felaktigheterna och det aktuella hyreskontraktet fick jag inte förrän efter ett år, i juli 2017.

Den 29/9 2016 fick jag löfte av min dåvarande handläggare Sandra M Johansson att biträdande enhetschef Magnus Jonsson skulle höra av sig till mig angående mina frågeställningar om Tyresö, det är nu mer än 62 månader sedan och jag har ännu inte hört något. Jag har förövrigt flera gånger kontaktat Magnus Jonsson långt innan Tyresöhändelsen utan att få något svar.

Jag har mailat honom, lämnat meddelande på hans telsvarare, samt skrivit meddelande direkt till, som det då hette, Hägersten-Liljeholmens stadsdelsförvaltning, i dag Hägersten-Älvsjö utan att en enda gång få någon positiv respons. Kontaktade honom angående att det inte funkade mellan mig och dåvarande handläggare Rikhard Aaltonen den 25 maj 2016. Nu är det den 31/12 2020 och jag sitter i Farsta Centrum och skriver detta.

Det sista jag gjorde innan jag flyttade ut från Farsta var att handla körsbär. Hade läst att kärnorna är giftiga om de krossas, upptäckte att det gick lika bra att bita sönder skiten, skulle visst räcka med 10-20st jag köpte 500gram och tugga i mig allihop.
Inte fan dog jag inte.

Mina planer för kvällen var att avsluta året med en nyårssupé bestående av Alvedon och Whisky. Har förstått att det skall räcka med

20gram Alvedon, jag har 100 samt en 37:a Whisky varav jag tagit hälften redan. Varit i kontakt med Uppsökarteamet, ville ha tag på Karin för att förklara mina planer då hon var involverad i hämtning av mig när soc strula till det i juli 2016 hon var dock inte där. Snackade med ett annat fruntimmer i en timme och sa att jag nu ruttnat på att socialtjänsten skall kunna skita i lagar och stå å sparka, slå och pissa på folk som sitter i den skit de själva satt dom i. SOL, socialtjänstlagen, existerar inte längre.

Varför i helvete finns det en lag som inte behöver följas för? IVO gör inga enskilda utredningar mot socialtjänsten för de har inga krav på sig att göra det, inte heller har de resurser, märkligt då att Stockholms socialborgarråd Jan Jönsson hänvisar till just IVO, han om någon borde ju rimligtvis veta bättre, fast det var ju trevligt att han överhuvudtaget brydde sig om att svara. Värre är det då med Aftonbladet, Expressen, Tv4, SR, SVT mfl samt alla övriga politiker som inte visat det minsta intresse. *Äh, det är bara alkoholister och pundare, skit i det, de får skylla sig själva när de har valt att inte vilja jobba.*

JO är inte speciellt mycket mer intresserad av att ta en felande socialtjänst i örat heller. Sista anmälan jag gjorde mot Carina Cronwall och hennes ointresse att lämna ut de dokument det påstås att jag har inkommit med buntades ihop med en tidigare anmälan och lämnades utan åtgärd.

Så verkligheten är denna: Socialtjänsten kan sparka ner dig i skiten och stå och pissa och sparka på dig, komma dragandes med vilka påståenden som helst utan att behöva bevisa något av vad som sagts eller påståtts, sedan hitta på en historia om att dina dokument inte kan hittas, SAMTIDIGT som det kommer nya krav på dig, utan att behöva ta något som helst ansvar för sina tidigare idiotier. Kan de förhala allt genom att helt enkelt ge fan i att svara, eller skicka dig brev med en massa dravvel och felaktigheter, vet de att de så småningom slipper undan, för "det är så länge sedan" så ingen, och då menar jag ABSOLUT INGEN anser att det finns möjlighet till att få rätt mot deras idiotier.

Nu har jag lovat att fortsätta kämpa tills imorgon då jag blivit lovad SL-biljetter så jag på måndag kan ta mig till Söder och Pelarbacken där jag kan få träffa Karin på uppsökarna igen.

Just nu har jag så'n satans värk i vänsterfoten så jag vet inte om jag kan ta mig till bilen igen, har dock Alvedon som jag kan ta, men vad det kommer att innebära med den Whiskyn jag ännu så länge druckit vet jag inte, kanske kommer jag hem, kanske inte, hade 5+ i bilen under julen, ingen höjdare för mina leder direkt, MEN jag fick tag på Heinz Chilibeans på Coop iaf, och lösgodis för 49:90 kg, alltid nå't. Skall försöka uthärda tillräckligt länge för att ta del av resultatet på V75:an. Vinst = fortsätta kämpa, annars kan det fan kvitta, jag bad inte om att födas, varför i helvete skall jag tvingas till något jag inte bett om?

TIO

2021

Bodde i bilen till slutet av jan 2021 då jag fått värk av att ligga i direkt drag från en otät förardörr trots filtar och kläder som dragbarriär. Knölade in så mycket jackor och filtar jag hade tillgång till i alla håligheter, men en husbil som inte ens från början är byggd för nordligt klimat är inte direkt bättre efter 40 år då hälften av alla tätningslister saknas och brännaren bara går på servicelåga.

Efter att jag på nytt blivit inskriven hos Hägersten-Älvsjö sdf hamnade jag åter på H-huset i Skarpnäck, då jag inte längre kunde bo kvar i bilen. Sanna på mottagningsenheten på soc hjälpte mig få fram Lex-Saraha-utredningen, finns på följande adress. https://tbrc.be/LexSarah.pdf då hade den legat klar i 8 månader. Den visar med all önskvärd tydlighet var problemen legat, men att ta ansvar för skiten som uppstått på grund av det är inte aktuellt. Den 26 maj 2021 kom jag så till ett boende i Norsborg, I Behandling och bor där nu.

Ett nytt problem har dock skapats. Mina prylar står kvar i en källare i Farsta och jag måste ta bort dessa inom snar framtid, men boendet jag har nu är för litet så jag får inte ta hit det jag har.

Förråd får jag inte hyra eftersom jag har betalningsanmärkningar. Sanna ringde till ett förråd i Alby och frågade om soc kunde stå som garant för hyran, men se det gick inte alls för sig alls. Har pratat med min nuvarande handläggare på ekonomiskt bistånd om detta, hon menar att det är Josef på socpsyk som skall fixa boende, medan han hänvisar tillbaka till ekonomiskt bistånd.

Jag har i princip all utrustning, gitarrer, PA-utrustning, kläder och möbler där, vilket allt nu riskeras att kastas på sophögen enbart på grund av socialtjänsten och stadsdelens agerande i juli 2016. Har redan under de 8 månader under 2020 Soc vägrade mig bistånd varit tvungen att sälja av en hel del prylar till kraftigt underpris, fast just nu känns det som det kan kvitta fan.

När jag så åter kom tillbaka till Pelarbacken dök det upp ett fruntimmer som skulle agera samordnare mellan mig och idioterna på Hägersten-Älvsjö sdf. Bland det första jag bad henne om var att kontakta Carina Cronwall och be henne förklara var uppgifterna i brevet från april 2019 kommer från.

"Nej, det tänker jag inte göra, nu skall vi se framåt, Vi vill hjälpa dig."
Vad bra att ni vill hjälpa mig, kontakta då Magnus Jonsson och fråga när han tänker höra av sig till mig med anledning av mina frågeställningar.
"Nej det tänker jag inte göra."

Fråga då Gunilla Davidsson var hon fått uppgifterna ifrån, eftersom hon också hänvisar till samma brev som varandes svar på mina frågor gällandes innehållet i brevet.
"Nej det tänker jag inte göra, men vi vill hjälpa dig"
Jamen det är ju socialtjänsten med Gunilla Davidsson, Magnus Jonsson och Carina Cronwall i spetsen som är problemet.
"Nej det tänker jag inte göra, vi kan inte säga något till socialtjänsten, men vi vill hjälpa dig"

E'ru dum i huve' eller?
Ni vill alltså hjälpa mig, men ni är inte villiga att ta i problemet?
"Det är inte socialtjänsten som är problemet, problemet är ju att du dricker väldigt mycket och det kan du få mediciner för, likaså får du mediciner mot din depression, socialtjänsten har ju inte med det att gör, du kan ju inte skylla på soc för att du mår dåligt"
Nää, naturligtvis kan jag ju inte det. Djävla idioti.

Det faktum att jag inte hade några som helst problem med spriten innan de sparka ut mig från boendet i Bromsten, och att jag först hamnade två månader på psyket för att sedan efter det landa på Frälsis i Midsommarkransen igen är ju helt ovidkommande.

"Jag TÄNKER INTE prata med Carina Cronwall, jag vill veta mer om bakgrunden"
Men du behöver väl inte veta någon om bakgrunden för att fråga var hon fått uppgifterna i brevet ifrån?
"Jag tänker inte prata med henne"

Nänä, skit i det då, men kom för fan inte dragandes med att ni vill hjälpa mig om ni inte är beredda att ta tag i grundproblemet. Jag har inte problem för att jag dricker alkohol, jag dricker alkohol för att jag har problem, skapade av socialtjänsten!

I aug 2021 fick jag så ett mail från Sabrina Hansson på Hägersten-Älvsjö sdf att de dokument Carina Cronwall avser inte är dokument jag inkommit med, det är det hyreskontrakt som hyresvärden inkommit med den 30/6 2016, dessutom hänvisar Carina vidare i brevet till att jag inte inkommit med något nytt hyreskontrakt, en begäran Patricia Alphonse den 11/7 bett mig bortse från.

Carina Cronwalls underlåtenhet att klargöra detta har sugit all kraft ur mig, kraft jag hade behövt för att ta tag i min situation för vidare färd i livet. De enda svar jag fått på mina frågor rörandes uppgifterna i brevet från Carina Cronwall i april 2019 är att jag fått svar, i en skrivelse från stadsdelsnämnden i april 2019, både från Carina Cronwall och Gunilla Davidsson.

Jag har också upptäckt då jag sitter och går igenom de journaler jag har att mailet från Sabrina Hansson skickades den 18 augusti. Två dagar innan, således den 16 augusti avgår Magnus Jonsson som biträdande enhetschef, Carina Cronwall drar och sätter sig i Spånga-Tensta och Gunilla Davidsson stänger dörren.

Hm, kan inte annat än att fundera över om det faktum att jag skulle få veta att innehållet i brevet var felaktigt har med deras beslut att göra, men det ligger ju djävligt nära till hands. Lite för mycket slump i mitt tycke.

Jag försöker att hålla lite koll på anhanget och har därför upptäckt att innan Carina Cronwall drog till Spånga-Tensta satt en viss Toni Mellblom där. Just det, Toni Mellblom som var ansvarig för Lex-Sarah-utredningen och som lovat mig att få veta resultatet då den var färdig, vilket jag inte fick. Förövrigt fick jag samma löfte av Gunilla

Davidsson, men det var väl inte så intressant eftersom utredningen pekar på att problemet helt och håller legat på deras bord.
Toni Mellblom drog förövrigt och satte sig i Kista-Rinkeby.

Så har deras agerande varit hela tiden. Så fort det börjar blåsa fan i stugknuten byts personalen ut och så kommer det nå'n ny gök som inte vet något och därför inte kan uttala sig. På så sätt slipper de stå till svars för skiten de ställer till med. Som t.ex. Kokkola, det var Rikhard Aaltonen som hänvisade till henne. En ny chef som inte vet något om något eller någon, men jag har rekommenderat henne att sätta sig in i ärendet så hon vet vad som gäller när det smäller, fast då är väl inte hon heller kvar.

När det så återigen 2021 blev dags att börja flytta bilar två gånger per dygn på grund av servicedagarna insåg jag att jag inte längre kunde ha kvar Kalven då även bakaxeln havererat. Det enda sättet att flytta öket var antingen knuffandes eller bogserande men det hade jag ingen lust med, dessutom boende i Slagsta. Att bara ta sig ut till Farsta skulle ta närmre en timme, sedan hoppas och be om att det fanns lediga platser för båda bilarna.

Hittade en Chevagök som var villig att förbarma sig över pärlan och erbjöd åtminstone så pass bra betalt att jag sedan kunde ta en bärgare och en sen kväll få ut Skalman till parkeringen i Slagsta, han var TUNG. Alla prylar jag haft i Kalven hade tryckts in i Skalman vilket gjorde att tyngden var massiv. Han vågade inte köra fortare än 50-60km/h, kändes som vi satt på en snok som ringlade sig fram längst E-4:an.

Väl i Slagsta, när jag backade ner från flaket, lyfte framhjulen från marken. Vi räknade ut att det var omkring 3 ton. Lite surt att behöva ta alla Kalvenstålar och lägga på det, men nu var han i alla fall runt hörnet, tyvärr till priset av en dygnskostnad, så det var bara att springa ner och lösa ny biljett, tills jag insåg att det gick att få ett parkeringstillstånd. Okej, 625 spänn varje månad, men va fan allt kostar pengar idag, bara pynta och hålla käften.

2022

Februari 2022

Efter mycket sökande efter förråd eller utrymme som jag skulle kunna flytta mina prylar till från källaren i Farsta hittades så äntligen möjligheten, i GNESTA!!

En driftig själ hade där inköpt ett gammalt utrangerat äldreboende och börjat bygga om rummen till små studentlyor, och där fanns det möjligheter för mig att få hyra 15 kvm för en tusenlapp.
Bra där, återstod bara problemet med att få ner skiten. Soc skulle gå med på att stå för flyttkostnaden, jag hade kommit i kontakt med ett flyttbolag men då tyckte soc att jag skulle fråga vänner istället, jag tyckte *"Ni e fan inte kloka"* eller nå liknande.
"Det behövs ju en flyttbil och flera gubbar, dessutom är det tvungen att flyttas på NU, inte om fem minuter"
Hon insåg till slut det döfödda projektet och gav med sig.

Jag hade räknat på att det skulle väl springa iväg 5-6000.- eller däromkring, när fakturan kom var den på över 13000.- men jag hörde inte ett ord om det, dom höll käften och betalade. Dessutom betalade de 3 hyror och det var ju bra, fast idag kostar det mig 1,625.-/månad då jag måste betala 625 för parkeringsplatsen här, så pga deras idioti lägger jag idag ut 19,500.- om året.

Så småningom blev det dags för att utredas ehuruvida det stodo till i huvudet. Jodo, i huvudet stodo det till vida visar det sig. Både hdmi och abs, eller nå liknande, visade det.

Under utredningen som utfördes av en psykologitant på pelarbacken undrades det om jag hade några familjemedlemmar som kunde tänkas vilja ge sin syn på saken. Ring syrran sa jag, då både morsan å farsan var döda, brorsan var inte mycket att räkna med.

Samtalet med syrran gav dock inte vad jag hoppats på fullt ut, men det är ju inte hennes fel. En del människor går livet igenom och har uppfattning om saker och ting som inte är korrekta, men det beror ju på att dessa människor i sin tur fått fel information. Att syrran fått fel information förvånar mig inte ett milligram. Har upptäckt under livets gång att farsan var ganska generös med lögner och påhitt helt enkelt för att han inte kunde erkänna att han inte visste.

Enligt min syster var jag ett väldigt älskat barn. JO TJENA...
Undrar hur älskad man är som barn när den som satt detta barn till världen bestämmer sig för att stövla in i dennes bostad och plocka ner en tavla denne fått för att den kära ömma älskvärda modern insett att den var alldeles på tok för dyr för den lille älskade sonen att inneha i sin ägo?

Eller det här med just den bostaden. Enligt systern har brodern (jag) fått en lägenhet av sin far, inget kunde vara mer fjärran från sanningen. Farsan köpte en lägenhet, rätt. Jag bodde i den, rätt.

Tanken var att jag skulle köpa den av honom då jag för tillfället inte var ekonomiskt stabil, mycket på grund av dessa tomtar som satt mig till världen, men så ville inte ödet ha det.

Jag ville starta ett företag och bland annat bedriva postorderförsäljning, men det fick jag inte, för HAN (farsan) kunde få problem.
I utredningsmaterialet som står att finna i 1177 återfinns: Information från närstående.

"Intervju med Tommys två år äldre syster. Hon berättar att familjen hade det tufft under Tommys uppväxt. Hennes bild är att fadern, som hade en bilskrot, var för snäll och inte kunde ta betalt, utan gav bort bildelar, vilket resulterade i dålig ekonomi.

Hon minns att modern sydde och lagade kläder åt dem, och att de inte hade saker som andra barn hade. Enligt henne var Tommy den som fick mest uppmärksamhet av barnen. Hon upplever att han ibland blev lurad eller utnyttjad då han var snäll och ärlig. Enligt henne hade Tommy omöjligt att vara stilla, och ständigt involverade sig i olika aktiviteter.

Han pratade mycket och man fick ibland säga till honom för att någon annan skulle få en syl i vädret. Enligt henne hade Tommy ett intresse av teknik och att skruva på och koppla ihop saker, vilket resulterade i mycket trasiga saker hemma. Hon upplever att han fick mycket skäll på grund av detta. Tommy verkade enligt systern dock oberörd inför att han haft sönder något och de konsekvenser det ledde till för familjen.

Hon upplevde att Tommys svårigheter började märkas mer under sena tonåren. Enligt henne lyckades Tommy inte behålla något arbete då han inte klarade av när någon gav honom kritik utan slutade då tjänsten, och han tog även många lån som han inte kunde betala tillbaka.

Hennes uppfattning är att Tommy under stora delar av vuxenlivet haft problem med ekonomin och att det då hänt att han fått hjälp av fadern, som köpte en lägenhet åt honom, men med krav som Tommy inte ville ställa upp på, samt att han under en period fick bo i broderns lägenhet.

Hon upplever att Tommy har svårt att se sin egen roll och sina svårigheter utan istället ser andras handlande som orsaken till sin situation."

Väldigt intressant att få veta hur syrran såg på det hela, men det bevisar ju bara att de som står utanför och tittar in ibland samt lyssnar på andra inte har så bra koll på verkligheten.
Jag skall bryta ner hennes upplevelser i detalj och förklara dessa.

" Enligt henne var Tommy den som fick mest uppmärksamhet av barnen."
Ja, jag fick en djävla massa uppmärksamhet, när det hade hänt något, för naturligtvis var det jag som var skyldig till det som hänt, TROTS att jag hade två äldre syskon och det fanns andra ungar i bygden.

"Enligt henne hade Tommy ett intresse av teknik och att skruva på och koppla ihop saker, vilket resulterade i mycket trasiga saker hemma. Hon upplever att han fick mycket skäll på grund av detta. Tommy verkade enligt systern dock oberörd inför att han haft sönder något och de konsekvenser det ledde till för familjen."

Vad det är för konsekvenser syrran avser vet jag inte, men jag hade ett intresse av att skruva och koppla prylar, fast det resulterade inte i speciellt mycket trasiga saker, prylarna var trasiga redan när jag började. Det har alltid varit en del av mig, att se om jag kan få fart på den där trasiga radion eller motorn eller vad det nu var, tyvärr såg inte syrran det eftersom hon höll sig hemifrån så mycket som möjligt på grund av morsan.

Skäll fick jag, så ini helvete för trasiga saker och annat som hänt, ja. Problemet var bara att det inte var jag som hade haft sönder det, men som morsan en gång uttryckte det
"Vi har ju frågat både din bror och din syster och de säger ju att det inte är dom, så då måste det ju vara du."
Ja naturligtvis, för syskon kan ju inte ljuga!

Att jag var oberörd när jag fick stryk med mattpiskaren eller handflatan är väl en ordentlig överdrift att påstå. Jag hade dock stora problem med att förstå varför jag skulle ha stryk för något jag inte gjort. Nä syster, ett av mina tidigaste minnen är att jag letar efter ett träd att hänga mig i, så oberörd var jag definitivt inte.

" Enligt henne lyckades Tommy inte behålla något arbete då han inte klarade av när någon gav honom kritik utan slutade då tjänsten, och han tog även många lån som han inte kunde betala tillbaka."

Alla vi tre ungar torskade på Oskarshamns plåtindustri, eftersom farsan jobbade där, så han drog väl i lite tåtar. Kan upplysa om att det inte är så djävla kul att arbeta på ett ställe där man ständigt får skulden för felaktigheter helt enkelt för att vissa säger att man är skyldig, och eftersom farsan var en lallande idiot som alltid gav efter tröttnade jag. Ett sommarlov och nå't år efter skolan får fan räcka, de får skaffa nå'n annan att skylla på nu.

Dock efter det började jag på ett sågverk i Lagmanskvarn, en dryg kilometer hemifrån så jag kunde cykla, åtminstone på sommaren. Det var ett gammalt hederligt sågverk bestående av tre väggar och ett tak, men jag gillade det, har aldrig varit så frisk som jag var den vintern. Efter ett drygt år där sökte jag mig så till varvet i Oskarshamn, fick dock reda på att det var på obestånd så jag bestämde mig för att söka mig vidare till Scania.

Jag hade en djävla tur när jag kom in där.
På varvet hade jag gått svetsutbildning så min tanke var att söka jobb som svetsare, under anställningsintervjun fick dock "anställaren" ett telefonsamtal från någon som uppenbarligen sökte jobb, som svetsare.
"Nä, vi behöver inga svetsare, däremot plåtslagare"
Jaha tänkte Tommy, tack för det, och sökte jobb som plåtslagare istället.

På Scania var jag kvar ett antal år och bytte avdelning från dörrline till en punktsvetsavdelning vid presshallen, detta på grund av en omstrukturering hos Scania. Jag var anställd på kvälls-skift och det skulle läggas ner, så det "skapades" ett skift med presshallens tider, funkade kanon. Eftersom jag var den ende som körde det skiftet insåg de ansvariga att jag behövde truck-kort eftersom presshallens truckförare var fullt upptagna med att serva det folket istället, tack för det. Samma dag jag blev anställd infördes anställningsstopp på grund av varvets konkurs.

Minns faktiskt inte riktigt anledningen till varför jag slutade på Scania, men det var en massa omstruktureringar och jag har för mig att mitt skift skulle försvinna, det fanns ju egentligen inte. Efter det jobbade jag på stuveriet och lastade och lossade gods från fartyg innan jag ruttnade genom på farsans egoistattityd och drog till Stockholm 1991. Det där med att jag inte tål kritik förstår jag inte heller, men det måste vara konstruktiv kritik.

" Hennes uppfattning är att Tommy under stora delar av vuxenlivet haft problem med ekonomin och att det då hänt att han fått hjälp av fadern, som köpte en lägenhet åt honom, men med krav som Tommy inte ville ställa upp på, samt att han under en period fick bo i broderns lägenhet."

Viktigt här att komma ihåg är att det är HENNES uppfattning.

Vi kan börja med den dåliga ekonomin.

Jovars, kronofogdens arbetsuppgifter är Tommy väl bevandrad i, frågan är varför?

Jag var väldigt tidigt i mitt liv väldigt konstruktiv och försökte mig på olika saker och ting, problemet var att de två som är orsak till min existens inte riktigt kunde acceptera att jag var det.

När Tommy gjort lumpen bestämde han sig för att börja på med bilreparationer.

20 år gammal ville han göra något konstruktivt.

"Jag tänker sätta in en annons i tidningen"

"Javisst, gör du det"

Så Tommy satt in en annons i tidningen vilket fick hans mor och far att gå i taket.

"Jamen vaddå?" "Ni sa ju att jag kunde göra det"

"Ja men inte fan trodde vi du var så djävla dum så du verkligen skulle det"

Så älskad var denne lille gosse. Åtminstone enligt hans syster.

En dag när Tommy var på sitt jobb på Scania ringde det en person och undrade om han kunde hjälpa honom. Nu minns jag inte exakt detaljerna, men något i denna stil. En taxichaufför i, här råder det osäkerhet, antingen Påskallavik eller Mönsterås, har fått en buckla på höger bakskärm och undrar om det går att reparera utan att behöva lacka om eftersom det var metalliclack, eller något ditåt. Eftersom Tommy var på jobbet var det hans älskvärda moder som mottog samtalet.

"Det är lika bra att du ringer nå'n annan, för det där klarar han inte i alla fall"

Tack för det kära älskade moder.

"Gud vad jag känner att jag är ett älskat barn"

När jag så insett att det håller fan inte att bo hemma bestämde jag mig för att bygga hus i ett närbeläget ställe som heter Fliseryd. På något sätt fanns det en överrenskommelse med Fliseryd och hustillverkare. Kommunen gick i borgen om medborgare var villiga att flytta till Fliseryd och bygga hus där, fråga mig inte om det upplägget för jag har fan inte en aning.

Jag tog min båge (En blå Yamaha 400 custom) och drog ner till Kalmar för att där skriva papper med ett företag som hette LB-hus, tomt var ordnad i Fliseryd och allt var i princip helt klart.

Så en dag när jag, som vanligt, var på jobbet på Scania ringde husförsäljaren hem, det var någon detalj han undrade över, och fick snacka med morsan.

"DET BEGRIPER DU VÄL? En unge som inte mer än gjort lumpen klarar väl inte av att bygga hus!"
Min mor skäller ut husförsäljaren i Kalmar för att han är så djävla dum och inte begriper bättre.

För de som inte känner morsan är det svårt att föreställa sig hur en mor som bestämt sig för att haverera sin sons liv kan agera, och för de som inte känner henne, håll käften. När hon väl hade bestämt sig för en sak då djävlar blev det så.

Jag hade milt sagt ett rent helvete en tid efter detta.
Dessa båda hade bestämt sig för att Tommy var dum i huvudet.
"HAN kan inget, han är totalt värdelös och försöker han med nå't kommer han att misslyckas och då blir vi tvungna att betala skadestånd!"
TROTS att jag var 20 år och hade gjort lumpen ansågs jag fortfarande bara vara en värdelös nolla utan någon som helst kompetens.

Det var i det läget Tommy insåg att: det spelar fan ingen roll vad jag försöker göra för så länge de där två lever kommer de alltid att göra allt de kan för att uppmana all makt de besitter för att förstöra allt jag försöker med. Därav kom det sig att jag helt enkelt gav upp.
"What's the use?"

Förmodligen spelar det in att jag är begåvad med Asperger, men det bär ju knappast inte jag något ansvar för, så är jag visst alkoholist också. Enligt morsan har jag alkoholistgener för det kommer från farsan, ALLT dåligt kommer från honom. Allt bra kommer från henne, det vill säga ingenting.

Ett av de tidigaste tecknen på min driftighet var att jag skulle sälja"idiotkassetter". För de som inte förstår vad som avses rekommenderas en Googling på Eddie Meduza. Jag vet att detta utspelades under tiden i mellanstadiet, det vill säga ålder 11-13.

Har alltid haft en stor förkärlek till så kallad buskishumor och bestämde mig för att försälja dessa via annonser. Nu fanns det dock ett problem, nämligen min ålder. Jag fick inte något bankgirokonto eller postbox, det problemet skulle dock lösas med en brevlåda, vilket inköptes en modell av plåt som erhöll adressen "Studio Ellep" Den monterades omsorgsfullt vid de andra postlådorna i byn, efter det sattes det in en annons i en biltidning, förmodligen Bilsport, det var ju70-tal.
Betalningen skulle skötas med kontanta medel, nu minns jag inte priset men om jag inte har helt fel skulle det medbringas 40.- i ett kuvert med beställarinformationen. Det blev ett väldigt hallå när jag satt upp den.

"Vad står det,? Studio Ellep, jag såg inte riktigt ha ha ha..."
Det slutade med att jag tvingades sälja lådan till mina morbröder eftersom deras i plast hade spruckit och gått sönder. Några brev så jag aldrig röken av, men morsan visste att jag bara var ute efter att blåsa folk på pengar.

"Du ber att folk skall skicka pengar men du kommer aldrig skicka något"
Vore väldigt intressant att få veta hur morsan visste att det var just ett sån't upplägg på det hela. I och för sig kan ju brorsan ha sett annonsen, men närmre sanningen är väl att hon helt sonika snodde de brev som kom och behöll pengarna själv.

Man kan ju tänka sig att hon i det läget skulle be om att få lyssna på något, men inte.
"Om Tommy gör något gör han det för att lura folk, "den där" kan ju inte ha några ärliga avsikter"
Att först ta reda på fakta voro av totalt ointressant för den kära älskande modern, för det kunde ju visa sig att hon hade fel, men det hade hon aldrig.
Jag ville bygga om syrrans gamla lekstuga till en musikstudio, det fick jag inte för farsan. Köpte dock ett gammalt trumset av Sören och ställde på rumme, det fick jag bara öva på när jag var ensam hemma, det hela slutade med att jag tvingades sälja det för:

"Du kommer aldrig bli nå't ändå"

"Du övar ju aldrig"

Jo kära moder det gjorde jag, när ni inte var hemma.

Så setet sattes ut på annons och det dök upp en köpare med son, om jag inte minns helt fel, och skambjöd för jag hade blivit blåst då jag köpte det, så det var bara att hålla käften och ta det som erbjöds eftersom köparen naturligtvis visste bättre än jag. Så älskad den lille Tommy då kände sig.

Vidare förvägrades han möjligheten till att lära sig spela ett instrument i skolan eftersom varken hans bror, som fick en trumpet eller hans syster som fick en gitarr gjort något av det. Den ömma kärleksfulla modern uttryckte sig som så om saken,
"Det är inte lönt att du ber om att få ett instrument, för har varken din syster eller bror lyckats så kommer inte du heller att göra det" Punkt slut.

Så jag fick sitta där, med min djävla blockflöjt i trä, vid 10 års ålder och inse att jag inte kommer att få samma möjligheter som mina syskon. FY FAN vad jag just då kände mig djävligt älskad av min moder.

Hon var även fena på att rota i lådorna, och var det något hon ansåg skulle slängas slängdes det på måndagarna då sopbilen kom. I och med rotandet hittade hon också en massa saker jag skrivit, det satt hon och läste upp för alla vid matbordet och hånskrattade gott, det gjorde ju inte att man var direkt sugen på att skriva något mer, för det gick inte att gömma någonting någonstans någongång för henne.

" fadern, som köpte en lägenhet åt honom, men med krav som Tommy inte ville ställa upp på, samt att han under en period fick bo i broderns lägenhet."
En sanning med viss modifikation.

Visst, fadern köpte en lägenhet, TILL SIG! För farsan fanns det bara en viktig person, nämligen han själv. Sure, han köpte en etta i "Åsahöghuset" som det var tänkt att hans lille son skulle köpa av honom, han bodde redan själv i Åsa och var således redan medlem i bostadsrättsföreningen, men när det kom på tal att den lille sonen ville starta ett företag och bedriva postorderförsäljning tog det stopp, För HAN kunde få problem. Vid det laget var jag typ 25 men i hans ögon var det HAN som skulle råka illa ut, även om det inte fanns något att råka illa ut för.

Åsa är ett område i Oskarshamn med en djävla massa bostadsrätter, bara för de som inte har en susning om vad som avses med Åsa.

Vad det är för krav syrran avser har jag inte en aning om, men det är ju information som hon har fått sig tillhanda genom modern och faderns försorg, och naturligtvis med avseende att låta omvärlden få veta DERAS sanning, inte hur det faktiskt var.

Jag är dock ganska säker på att farsan inte sagt något till henne angående mina planer på att starta företag och att han motsatte sig dessa idéer, för HAN kunde ju få problem. Jag fick inte ens möblera som jag ville, för det var HANS lägenhet.

I det läget tyckte Tommy att: ta du din djävla lägenhet och dra åt helvete din faan. 1991 drog han till Stockholm och kranförarutbildning via AMU. Han stod inte ut med all skit.

Vidare hade inte brorsan någon lägenhet jag bodde i. Han hade ett hus där jag under en period, då han jobbade utomlands, bodde, detta på grund av att det i Fliseryd och på Läggevi som stället jag bodde på hette, bodde en alkoholiserad kåkfarare från Nybro och som agerade lite alltiallo åt fastighetsägaren. Bengt-Otto hette han, kåkfararen, inte fastighetsägaren.

Tyvärr utvecklades den situationen så att det blev ohållbart för Tommy att kunna fortsätta bo där, då Bengt-Otto kunde stå och banka på Tommys dörr klockan 07:00 och be honom åka till Mönsterås och bolaget och handla brännvin, då jobbade Tommy kväll på Scania vilket innebar att tiden på dygnet blev väldigt sen/tidig innan sängläge inföll.

Därav kära syster tog jag beslutet att bo i brorsans kåk tills det hade lugnat ner sig med Bengt-Otto, som under sina värsta perioder gick omkring med kniv och gapa och skrek och hotade de boende, så att jag kunde återvända till det boendet.

Minns jag inte helt fel var det efter det farsan köpte en lägenhet som det var tänkt att jag skulle köpa av honom, då jag vid den tiden inte var så stadd vid kassa.

" Hon upplever att Tommy har svårt att se sin egen roll och sina svårigheter utan istället ser andras handlande som orsaken till sin situation."
Hm, då skall vi se.

När jag försökte lära mig spela på hennes gamla gitarr tyckte morsan
" Nå'n ny Elvis Presley det blir ju inte du!"

Satt och spelade Love me tender, inte speciellt bra kanske, men ändå.

Exakt vad man vill höra då man blivit förnekad musiklektioner på grund av sina syskons misslyckanden, men ändå försöker. Men det spelar ingen roll, för är man så helvetes dum i huvudet som jag är kan man ändå aldrig lära sig något.
Man kan ju tycka att en kärleksfull moder då hade kunde sagt
"Åh vad duktig du är, har du lärt dig spela det helt själv? Det var duktigt, mycket bättre än din syster"
NOPE, Tommy kunde djävlar inte vara bättre än sina syskon.

Jag försökte komma igång med postorderförsäljning redan när jag gick på mellanstadiet, men det havererade på grund av morsan, det vill säga den person som är skyldig till min existens.

Jag försökte starta bilreparation medan jag ännu bodde hemma, men morsan sa till de som ringde att ringa nå'n annan. Jag försökte bygga hus i Fliseryd men morsan skällde ut husförsäljaren. Jag ville starta företag i Åsahöghuset, men fick inte för farsan kunde få problem.
Jag minns sista gången jag köpte julklappar.

Morsan har alltid klagat över att jag köpt fel saker så jag tänkte att den här gången skall det fan inte bli fel. Jag bestämde att alla killar skulle få handdukar och tjejerna strumpor. Julen skulle bedrivas hos broder som då flyttat till Norrköping, tid avsattes för avfärd och jag gick ner till farsan i god tid bara för att upptäcka att de redan dragit iväg, happ, där stod jag med min påse med deras julklappar.

Säkert 6 månader senare, minst inte riktigt, hänger den påsen fortfarande på styret på farsans motionscykel jämte hans säng. När jag långt senare var på visit hos morsan fick jag veta vad hon tyckte.
"Vad jag skall jag med strumpor till, det använder ju inte jag!"
Det var julen 1990 tror jag, sedan dess har jag inte firat jul.
Då kände man sig djävligt älskad.

Vore intressant att få veta på vilket sätt JAG bär skulden till att dessa projekt gick i graven? Kan ju tyckas att jag bara hade kunde skita i vad de sa, men en Aspergerhjärna fungerar inte på det sättet, framförallt inte då denne har blivit matad varje dag i 20 år med hur förbannat dum den är.

När jag gjorde lumpen och en helg hade permissviden skulle det tagas kort. Jag stod i köket i omnämnda mundering och log,
"VA SNE DU E I KÄFTEN"
Jag LOG på fel sätt enligt morsan. Det var tur att jag var så älskad, för om detta är kärlek, då vill jag fan inte vara med om motsatsen.
Sedan är det ju så kära syster, att JAG fick skulden när antennen på brorsans kassettradio gick av fast det var DU som använt den, är det

inte hög tid att erkänna att du knäckte av den? Inte för att det idag spelar nå'n större roll för min del, men det vore ju trevligt höra DIG erkänna att DU har gjort något fel någon gång och som lillebror fått tagit skulden för.

2023

Skall försöka få till sjukbidrag, eller vare heter. Det vore fantastiskt att slippa sochelvetet, problemet nu är att jag inte får träffa en sjukskrivande läkare på Hallunda vårdcentral utan att vara inskriven på Arbetsförmedlingen, och de vill ha dokument från pelarbacken, bland annat sjukintyg. Vissa dokument finns inte på 1177 så dessa har jag begärt ut. Jag kan inte heller få träffa en psykolog för att få mediciner utan att bli absolutist.

Att inte kunna få ta sig en kall öl till maten eller gå ut och ta sig en kall öl en varm sommarkväll är fan förnedrande när man är 60 bast. Har läst journalen från Pelarbacken och de har skrivit att jag har alkoholrelaterade problem, att problemen med soc är orsaken till att jag druckit mer än lämpligt understundom finns inte ett ord om, men det passar inte att skriva att jag dricker för att orka med skiten soc ställer till med.

I deras värld har jag problem för att jag dricker, verkligheten vill de inte veta av, så mycket för den psykvården i det här landet. Här ta ett piller till så du orkar med att soc sparkar på dig, för vi tänker inte säga att de skall slutar sparka på dig, det ligger inte på vårat bord. Djävla "hjälp".

Vad gäller körkortet har jag nu iaf lyckats bevisa mened hos vittnet och Svea Hovrätt har överklagat ärendet till HD blir jag inte frikänd återstår anmälan för falsk angivelse och mened.

POLISANMÄLAN GÄLLANDE FALSK ANGIVELSE OCH MENED

2023-04-01

Anmälan mot Tobias Larsson gällande falsk angivelse samt mened.

Tobias Larsson vittnade i en rättegång målnr: B 5690-20 Södertörns Tingsrätt.

Jag kommer bevisa att Tobias Larssons första utsaga den 26 mars 2020 ca 21:30 inte kan stämma med hjälp av foto och film. En utsaga given enbart i syfte få mig fälld för ett brott jag inte begått. Således falsk angivelse. Vad gäller punkten mened står den klar genom Tobias Larssons egna återgivelser i rätten.

Med denna anmälan följer också en cd innehållandes film och foto där jag återger de punkter lögn bevisas.

Tobias Larsson påstår sig den 26 mars 2020 ca 21:30 ha kommit och kört på Färnebogatan i Farsta, riktning mot Farstavägen och sett mig vid passagerarplatsen på en vit Chevrolet van regnr MOB167 göra något och reagerat på att jag skall ha verkat onykter. Detta menar jag, och kan bevisa inte är möjligt. Det framgår inte riktigt klart vad som menas med passagerarplatsen, men eftersom det omöjligtvis kan handla om själva platsen inne i bilen utgår jag från att passagerardörren avses. Alltså höger framdörr.

Jag bar vid tillfället mörka kläder. Chevrolen var parkerad framför en svart VW LT31 med grått förhöjt tak som skymde Chevan, dess högersida samt trottoaren. Färnebogatan saknar på denna del helt belysning. Det är således totalt omöjligt att kunna se en mörkt klädd person vid höger framdörr på denna Chevrolet då man kommer körandes på Färnebogatan riktning Farstavägen kl 21:30 den 26 mars oavsett år.

Hänvisning foto: 01, 02, 03, 04, KFBG 2

Tobias Larsson fortsätter sin utsaga med att han vänt vid Farstavägen och kört tillbaka till Lysviksgatan och parkerat, för att där hålla uppsikt över mig. Detta pga att han tyckte jag verkat onykter. Han hade då enligt egen utsaga ca 15 meter till mig. Han fortsätter med att han skall ha sett mig sätta mig på förarplatsen i denna vita Chevrolet, starta den, kört fram några meter samt sammanstött med framförvarandes fordon, därav åtalet grov rattfylla, något som inte kunde bevisas. Det här finner jag väldigt besynnerligt.

Hur många avslutar sin färd pga att man ser en person som verkar onykter vid ett fordon? Närmre framgår inte heller på vilket sätt jag agerat som gjorde att Tobias uppfattade mig som onykter. Om hastigheten vid tillfället var 30km/h förflyttade sig Tobias med 8,33 m/s och hade således väldigt begränsad tid för att både se och uppfatta mig som onykter. Om hastigheten varit 50km/h blir förflyttningen 13,88 m/s så frågan är, hur fort körde Tobias vid tillfället? Det framkom aldrig under rättegången.

Om det nu är så märkligt och mystiskt varför dokumenterar man inte det man ser? Dom flesta mobiltelefoner har idag bra kameror, dessutom var Tobias inte ensam, en av dom hade kunnat filma medans den andre ringde polisen. Det är ytterligare en detalj som är märklig i historien.
Tobias misstänker att jag är onykter men filmar inte när jag sätter mig

på förarplatsen i Chevan eller när jag startar fordonet. Då misstänker han ändå att jag är onykter. Borde inte ett vittne ringa polisen med en gång? Tobias ringer inte förrän han skall ha sett mig kliva ut genom passagerardörren efter att jag i samband med att jag skall ha flyttat fordonet sammanstött med ett framförvarande. Menar då Tobias Larsson att om jag inte sammanstött hade han inte ringt polisen? Mycket märkligt agerande.

Åklagaren väljer att återge Tobias Larssons första version från den 26/3 inklusive vilket fordon det är han skall ha sett mig framfört, en vit Chevrolet, eftersom han inte får ihop det igen. Tobias återfår då minnet till viss del, så att det stämmer med hur han skall ha sett mig vid passagerarplatsen på en vit Chevrolet, uppfattat mig som onykter, vänt vid Farstavägen, åkt tillbaka och ställt sig på Lysviksgatan. Men sedan ändrar han historien så att det inte är en vit Chevrolet van han sett mig kört, det är fordonet bakom, en svart VW LT31.

Detta fordon har inte på något sätt omnämnts på något vis från den 26/3 till den 19/10 2020 alltså nästan 7 månader, och inte förrän åklagaren återgett den första versionen. Att denna version är en lögn är inte svårt förstå.

Om det nu var en svart VW-buss jag körde vid tillfället, varför då påstå att det är en vit Chevrolet van? Dessa båda fordon är helt totalt omöjliga att förväxla eller att inte minnas då de stått parkerade på Färnebogatan under lång tid både före och efter den 26/3 2020 och alltså något man sett varje gång man passerat platsen.

Även då fordonen varit parkerade på Lysviksgatan är dessa synliga från Färnebogatan.

Hänvisning foto: anmlfbglsvkg1-4

Knepigare bevisa defekt växellåda då förhörande polis Joakim Andersson inte undersökte dessa uppgifter vid tillfället. Uppgifter som utelämnades i förhörsprotokollet, vilket jag vid tiden inte tänkte på. Dessa uppgifter finns dock på pränt 2020-04-04 i mitt yttrande till transportstyrelsen.

Ej heller lämnade min försvarare Elisabet Audell dessa uppgifter hon fick av mig vid mötet mellan oss den 21 april vidare till åklagaren innan rättegången, vilket hon enligt god advokatsed är skyldig göra. Denna inf fick inte åklagaren sig tillhanda förrän vid rättegången.

Dock finns troligen möjlighet finna vittnen runt Lysviksgatan som kan intyga dessa växellådsproblem på denna vita Chevrolet, bland annat på New Castle, krogen jag var på tidigare på kvällen den 26 mars 2020. Jag har vid tillfällen fått hjälp av flera olika boenden i området med att flytta detta fordon genom att knuffa det.

Vid rättegången påstår Tobias Larsson att han kommit och kört på Färnebogatan riktning Farstavägen och tyckt det var märkligt med en bil mitt i en korsning. Vad är konstigt med en bil mitt i en gatukorsning?
Det är ju en väg. Detta stämmer inte med vad Tobias Larsson från början uppgett och är således en ren lögn och inte dåligt minne. En händelsekedja som den Tobias Larsson först uppgett kan helt enkelt inte totalt falla i glömska på 7 månader.

Tobias Larsson fortsätter då åklagaren ber om ett förtydligande att han sett mig vid förarplatsen på det fordonet mitt i korsningen. Vilket är omöjligt då förarplatsen på en Cheva van inte syns i den vinkeln Tobias Larsson och han vän befunnit sig i. Därefter skall det efter 2-3 m dunsat in i ett annat fordon. Om så varit fallet skulle det fordonet varit parkerad innan skylten parkering påbjuden, och i så fall vara den plats där dessa båda fordon befunnit sig när poliserna kom till platsen, vilket så inte var fallet, således en ren lögn.

Hänvisning foto: anmlfbg2

Vidare vad gäller bilen mitt i korsningen är det en minnesbild Tobias Larsson påstår sig ha med det fordonet som stod bakom den vita Chevrolen. Detta är märkligt då det bakre fordonet var det fordon jag stod och knuffade på när Joakim Andersson och Thomas Angesved kom till platsen. Det befann sig då ungefär 10 meter bakom Chevan. Dessutom var motorn aldrig startad, heller hade varken den eller den vita Chevrolen befunnit sig i någon korsning.

Domen är väldigt märklig Den uppger den sista historien, alltså att jag skall ha gått från det första fordonet och satt mig i ett bakomvarande. Startat och kört in i fordonet framför vilket alltså är Chevrolen, som jag enligt Tobias Larssons egna vittnesmål aldrig körde, öppnade några dörrar på eller var inne i. Vidare uppger domen det anses styrkt jag skall ha framfört fordonet utan att närmre specificera vilket av de båda fordonen som avses. Det benämns som "en slags skåpbil" VW-bussen är en husbil, svart med grått förhöjt tak.

Enligt åtalet är det en vit Chevrolet regnr MOB167 jag skall ha framfört, därom råder inga tvivel. Hur kan det i en dom bli "en slags skåpbil" som dessutom inte dyker upp förrän i Tobias sista version, och dessutom efter en återgivning av första versionen given av Tobias Larsson på plats 2020-03-26?

Sammantaget blir att Tobias Larsson 2020-03-26 ca 21:30 med avsikt få mig fälld för grov rattfylla ljugit om vad han sett, vilket till viss del bevisas med foto och film på medföljande cd. Det är falsk angivelse enligt brottsbalken.

Vidare har Tobias Larsson ljugit i rätten vad gäller hur denne skall ha sett mig vid passagerarplatsen och dessutom verkat onykter. Vilket fordon jag skall ha framfört, samt inte minnas hur fordonen ser ut, vilket är mened enligt brottsbalken.
Jag yrkar härmed på ett omedelbart frikännande och att Tobias Larsson åtalas för falsk angivelse och mened då han påstår sig inte minnas en vit Chevrolet van med Ghostbusters och en svart VW LT31 med grått förhöjt tak. Fordon han sett parkerade på Färnebogatan och Lysviksgatan både före och efter den 26/3 2020.

Jag kan, om så skulle behövas även klargöra för de verkliga grunderna i denna anmälan. Jag kan förklara bilar mitt i korsningar och varför det plötsligt blev en svart VW-buss istället för en vit Cheva van, det här är inte enda gången poliserna varit utringda på mig och mina fordon parkerade på Färnebogatan/Lysviksgatan i Farsta.

På cd'n finns 2 filmer och en mp3 fil, vittnesmål RFdom.

Det är Tobias Larssons vittnesmål i rätten och av den framgår klart och tydligt att Tobias INTE har sett mig köra det fordon åtalet gäller. Alltså friar vittnet självt mig från att framfört det fordon denne från början påstått att jag har gjort. Helt plötsligt är det ett helt annat fordon som stått bakom Chevan men som han inte sagt något om förrn åklagaren påminner honom om vad han sagt från början. Det är ytterligare ett bevis på mened eftersom det mänskliga minnet inte fungerar på det sättet.
Filmbevis på mened.

Anmltb. 37 min, där jag redogör mina punkter.
Färnebogatan kväll. 1:55 vilken visar ljusförhållandena på platsen på Färnebogatan där Tobias påstått sig se mig vid passagerarplatsen på en vit Chevrolet van.

Vidare finns min mailkonversation med Elisabet Audell angående de uppgifter om växellådan jag delgav henne vid vårt möte som hon inte delgett åklagaren innan rättegången.
Mitt utlåtande till transportstyrelsen den 4/4 2016.

Samt de foton som förekommer i filmen jämte ett antal andra.
Skall bli intressant att se vad som händer med denna anmälan, det blir svårt att förneka de många menederna i alla fall, och med tanke på att

Svea Hovrätt lämnade in en överklagan till Högsta Domstolen på materialet borde ju mina chanser vara goda.

Blir så djävla trött på alla djävla idioter som tror attom vet hur verkligheten fungerar bara för attom sitter med en djävla massa diplom på sina djävla väggar på sina djävla kontor som visar attom har genomlidit en djävla massa föreläsningar.
Vad säger dessa diplom om personen ifråga? inte ett djävla skit, det bevisar bara attom klarat av att ta sig igenom en djävla kurs därom fått förklarat för sig att vissa element i samhället inte är som alla andra och därför inte skall anses vara likvärdiga.

April 2023
Något händer.

2023-04-03
Hörde av mig till Lena Möllberg med anledning av att jag ville ha ut resten av mina journaler, åtminstone en del av dessa. Fick till svar att de 9 första sidorna var gratis. 10st kostar 50 bagis och därutöver är det 2.- st som gäller. Ställde då frågan vad det skulle kosta för mig att få ut journalerna från 2019-01-18 till 2020-12-31.
Svaret Lena gav mig var att hon skulle kolla om hon kunde fixa det utan att VI slapp betala. VI!!! Känns tryggt och bra tycker jag,

Lena var ju trots allt med när flytten av mina prylar gick från Farsta till Gnesta, så hon har ju en del erfarenhet av fallet, fast det har ju även, inte längre biträdande Enhetschef Magnus Jonsson. Har upptäckt när jag läst journalerna att den fan varit med från början, så vi får se hur det slutar.

2023-04-04
Mail från Lena.
"Hej Tommy.
Jag har tryckt ut journal för perioden 2019-01-18 till 2020-12-31 och lägger ut brevet i receptionen för avhämtning from kl10:00 imorgon onsdag.
Mvh
Lena Möllberg."

Jag hade innan detta kollat upp väderleksprognosen gällande påsken vilken sa att det skulle vara kanonväder. Vaknade på onsdagen och vädret var allting annat än kanon.
"VA I HELVETE!!!!?"

Snön yrde i sidled. Utöver det blåste det utav bara fan. Meddelade Lena att jag nog inte skulle kunna hämta förrns nästa onsdag pga väder och vind, eftersom jag är en så kallad vädermänniska påverkas jag väldigt mycket av vädret. Det är ju bara halv arbetsdag på torsdag eftersom fredag är långfredag och måndag är nå annat skit som hör påsken till vilket gör den röd. Tisdag utlovades det blåst å snö å fan å hans moster såre får väl bli onsdag då för jösse namn. När jag nu åskådat utsikterna för vädret efter helgen kanske det ändå blir tisdag eftersom det helt plötslig skall vara ok väder.

Pohlman kan man ju inte skylla på längre eftersom han inte är kvar.

Då jag påpekade det faktum att jag kanske inte skulle dyka upp förrns på tis-onsd veckan efter pga väder och vind möttes jag inte av några större proteser.
" Det är ju påskhelg osv så det är inga problem."

Hade även en annan tanke. Om värdet och lederna tillåter en utflykt på tisdag kan jag passa på att glida förbi en snutstation och lämna in anmälan för falsk angivelse och mened mot vittneshelvetet som jag förlora KK på för drygt 3 år se'n. Att jag varit utan KK nu i tre år spelar egentligen inte så stor roll eftersom soppan är så djävla dyr så man ändå inte har råd att tanka, fast å andra sidan hade ju förutsättningarna för mig att kunna tjäna pengar varit bättre. Nåja, det är en sak som framtiden får utröna.

Märkligt dock att inte HD ser det en blind kan se, framförallt inte med tanke på att Svea Hovrätt överklagat målet med hjälp av mitt material. Om Svea Hovrätt bestämmer sig för att överklaga ett mål till HD borde det ju finnas någon form av substans i bevismaterialet.

Jag har dock bränt ny cd med materialet och angivit mina åsikter inför en polisanmälan. Det filmmaterial jag har påvisar klart och tydligt "ställt utom allt rimligt tvivel" att Tobias Larsson ljugit arslet av sig i rätten och därmed begått brottet mened. Förövrigt behövs inga raketforskare eller Mensamedlemmar för att, efter att ha hört Tobias vittnesmål, förstå att han valsar värre än Vikingarna. Eller Lasse-Stefanz eller vilket djävla dansband som helst.

2023-04-10

Rent vädermässigt ser morgondagen skapligt positiv ut. =)

2023-04-11

Vädret verkar skapligt. Började dagen med ett besök på kontoret för att skriva i ansökan för ekonomiskt bistånd för maj och skriva ut de bankkontopapper som behövs.
Upplägget för dagen var som följer: Först Telefonvägen 30, 9 våningar för att lämna in ansöka och hämta ut de journaler jag bett om och som Lena lagt i receptionen. Sedan vidare transport till slussen för tågbyte

mot Gullmarsplan och sedan apostlahästarna till Globens polisstation för inlämning av falsk angivelse och menedsanmälan mot skämtet till vittne som den 26/3 2020 såg till så att jag förlorade styrlappen.
På grund av Högsta Domstolens ovilja att se det som är klart och tydligt som Polstjärnans sken för en totalblind har jag tyvärr ingen annan väg ut ur det här än en anmälan. Väl på Globens polisstation inser jag att de enda ärendeknapparna som finns att välja på är ID/Pass och hittegods.
"Hm, va fan?"
Gick ner på gatan igen för att se om jag kunde haffa en tjänsteman från aktuella myndigheten eftersom det inte var tillåtet att gå innanför dörrarna från väntrummet.

Ställde mig vid det enda fordonet från verksamheten och väntade, tänkte: om jag står här och ser mysko ut kanske det dyker upp någon som kan besvara denna min fråga, hur gör jag om jag vill anmäla någon? men inte fan dök det upp någon företrädare inte. Gick en sväng i området men det hade jag inget för, så jag gick till bolaget istället.

Efter detta nödvändiga livsavbrott blev det nytt besök på stationen där jag upptäckte en dator som stod bakom en genomskinlig plastskiva framför dess monitor och som visade polisens hemsida.

Lyckades klicka mig fram till hur man går tillväga för att lämna in en fysisk anmälan. Det visar sig att de flesta polisstationer idag bara hanterar ID och passärende, ville jag lämna in en fysisk anmälan fick jag snällt bege mig till antingen Häkteskåken på Kungsholmen eller Klara.

"VA FAAAA…!!!?" Kan man inte längre bara stövla in på en snuthäck var som helst och lämna in en anmälan om något händer? Nope, det skall helst göras på internet, men om jag har material att lämna in samtidigt? Varsågod besök en station där man hanterar anmälningar.

På kvällen sökte jag efter fenomenet på nätet och läste då om en snubbe som skulle anmäla att han fått en faktura på 800 djurå fast det skulle vara 800 svenska riksdaler. Denna person bodde i Vallentuna så han begav sig till Täby.
"Nä, du får åka till Solna" Va i helvete är det för land?

2023-04-13

Stövlade iväg till tunnelbanan i Fittja för vidare transport till den stora huvudstaden i Sveriges avlånga land. Väl i vagnen av den nyare modellen uppstod dock funderingar om hur dagen skulle uppläggas. Skulle jag först kliva av vid Slussen och byta till grön linje söderut, från Fittja är det röd linje, en station till Medborgarplatsen och kliva av där för att gå upp alla djävla trappsteg till Pelarbacken, eller skall jag kliva av vid Slussen och gå upp till "Pelarn"? Fast samtidigt finns där ingen tidsvinst i ett sån't upplägg, vill jag vinna tid byter jag i Slussen och åker till "Medis" fast det är en massa trappor.

ELLER skall jag först åka in till City och göra polisanmälan för att sedan efter det ta Pelarn på hemvägen? Men jag vet ju inte hur lång tid det kan ta på snuthäcken, då kanske jag inte hinner tillbaka på de 75 min som en biljett är, och vad säger att det fortfarande är öppet på Pelarn om det drar ut på tiden i city? Är jag väl i City vill jag ju även gå en sväng. Välkomna till Aspergers underbara värld.

Beslutade till sist att byta i Slussen och åka en station till Medis och stövla upp för alla satans trappsteg, kom fram till att tidsmässigt skulle jag framkomma i tid till deras öppnande igen efter lunch.

När jag kommer in till receptionen är det ingen kö, bakom glaset sitter mitt "flirtoffer" hon e skitsöt, jag påtalar för henne att hon har ett brev till mig från dokumenthanteringsavdelningen, eller något liknande, varpå hon skiner upp som en sol och rotar fram brevet utan att begära leg, uppenbarligen har jag vid mina tidigare besök under nästan 8 år gjort visst intryck. =)

Hälsar på väktarna, varav en är en gammal känning så inga problem där.

Stövlar ner för Östgötagatan till Björns trädgård och tunnelbananen igen och fortsatte in till city. Fan centralstationen är ombyggd så ini helvet men jag visste ungefär åt vilket håll jag skulle, har av någon anledning jag inte minns besökt Klara snuthäck tidigare.

Av två öppnade luckor var en upptagen, förövrigt neutronbombat väntrum. Bakom glaset på den tomma platsen satt en fruktansvärt sockersöt gräddbakelse vilket jag lyckades med att INTE informera henne om att jag tyckte hon var, har ont i tungan ännu.

Förklarade anledningen till detta mitt besök och lämnade fram ID och hon knappade på knapparna på tangentbordets knappar, det enda jag behövde lämna var mitt telefonnummer, innan hon insett att det fanns med på mitt utlåtande till transportstyrelsen, skit samma. Fick beröm för min anmälan i alla fall, hon tyckte att det var föredömligt skrivet. Det var som fan, flirtar hon med mig, eller var det kanske bara så att jag för en gångs skull lyckats göra något bra?

Inte mig emot om hon flirtar. =) Fast det var en åldersskillnad på säkert 30 bast så förmodligen sa hon som hon sa för att det faktiskt var föredömligt skrivet.

"Det blir nog inskrivet imorgon" kvittrade hon och log.

Det låter ju strålande tyckte jag och avslutade mitt svammel.

Väl utanför insåg jag att om jag inte hade flirtat så ini helvete på både Pelarn och snuthäcken hade jag hunnit med tåget tillbaka på samma biljett. Jaja, skit samma, jag skulle titta på plommonträdens blommor i Kungsträdgården. Visste att det låg ett bolag vid Klarabergsviadukten så jag stövla dit, bara för att upptäcka att det inte fanns något bolag där. *"VA FAN, det låg ju ett här sist, för 30 år se'n!"*

Det visade sig att det numera ligger i källaren på NK-huset.

Väl inne i NK-huset stövla jag runt ett tag och tittade på skyltar hängandes under taket visandes pilar hit och dit mot de olika avdelningarna. Vände mig om och tittade in i ett par präktigt stadiga trosgördlar. "What The Fuck!!!?" Känns på något sätt som att jag inte direkt är där jag skall vara, vilse med andra ord, så jag fick fråga mig fram, en väldigt vanlig företeelse i mitt liv, om vägen till hissfan. Så mycket förstod jag i alla fall att jag var på fel våning. OCH avdelning. Väl framme vid hissen, vilket visade sig vara två till antal, fann jag ett antal individer av olika ursprung som också väntade, hissarna hade verkat ta ledigt. Började samtala med den enda manlige i församlingen.

"Det är tur man är Svensk och van vid att köa och vänta" Han garvade.
"Jodu"
Fast den kvinnliga delen av sällskapet definitivt INTE var av Svenskt ursprung. Skit samma, det här är Sverige. Här håller vi käften köar och väntar, han oroade sig mest för det faktum att det blev dyrare att betala för parkeringen, modell parkera nu betala senare. Välkomna.

När den första hissen hade bestämt sig för att göra ett välkommet besök vid våningen vi befann oss på visar den sig innehålla allt annat än tomhet och rymd, far i frid sa vi till alla kärringar och deras barnvagnar. Nästa hissdj#¤%&el var nästan lika tom, men vi tryckte in oss hela hiet (Gänget på Smålännska) och blev transporterade till våra respektive våningar.
När jag var färdig med mina inköp var det bara att stövla iväg mot utgången, vilket visade sig vara mer besvärligt än problematiskt. Hittade en vakt och frågade om han kunde peka mot utgången, javisst sa han och pekade mot vänster. Typ 15 meter rakt framför mig fanns den, utgången, direkt i Tunnelbanans spärravdelning. Jomen, här vare spärrat.
Happ, det var det det. Såg en stänkare nå'nstans om att plommonträden i Kungsträdgården var på gång så jag tänkte avlägga ett besök och beskåda hur långt dessa kommit i sin utveckling.

När jag väl tagit mig genom Hamngallerian och kommit ut genom fel ingång såg jag ett stort hus framför mig, det var visst nå'n operabyggnad, till vänster såg jag en rosa byggnad med en stor strut på huvet, det var nå'n form av kyrka, men jag visste att Kungsträdgården låg på andra sidan så det var bara att tomta iväg i småregnet.

Djävla skitväder, fast hellre det än sitta fast i en källare i Ukraina med bomber och raketer regnandes runt omkring

Vid en port ställde jag mig i skydd och avlossade plomberingen på det inhandlade och tog en styrkande slurk. Nu djävlar skall det tittas på plommonträdsblommor. När jag kom till "Kungsan" såg alla träd ut att ha varit med om bränder, inte en blomdjävel så långt ögonen nådde, hittade dock några stora plakat som myndigt omtalade fakta om dessa träd, det var visst körsbärsträd vilka uppenbarligen enligt tillgänglig expertis kunde bli ohejjdans gamla. Plommon eller Körsbär, va fan, jag sov på den lektionen, men det hade nu inte så stor sexuell betydelse då inte någon av dom behagade uppvisa någon större mängd växtlighet.

Fast det är ju gott med plommon.

SVAR ANGÅENDE POLISANMÄLAN

Svaret från Kammaråklagare Hanna Cardell blev att jag inte anmält

Tobias Larsson för ett brott som hör till allmänt åtal.
Med anledninga av detta påstående lämnade jag nytt meddelande på åklagarens sida.

"Det här meddelandet ställs till Hanna Cardell kammaråklagare.
Jag fick idag brev där du påstår att mened inte hör under allmänt åtal.
När ändrades det?
Jag är fälld för brott jag inte begått pga ett vittne som ljugit i rätten, enligt vad jag har kommit fram till efter Googlande är det mened och falle runder allmänt åtal. Jag har bevisat, ställt utom allt rimligt tvivel, att vittnet ljugit i rätten.
Vill du ha ditt egna Snippafall som avgörs i medierna eller?

Jag har aldrig begått något brott, har aldrig funnits i brottsregistret eller gjort någon volta. Är det viktigare för dig att undvikaatt erkänna ett misstag, istället för att rätta till det? Skiter du i om osklyldigaär fortsatt straffade när det är uppenbart att vittnet ljugit?
Ge mig en enda anledning till att fortsätta vandra den "smala" vägen, eller ännu hellre, förklara hur du tänker när en person påstår sig ha sett något jag med foto och film bevisar, ställt utom allt rimligt tvivel, är omöjligt att se.
Men vill du ha ett eget Snippafall, varsågod, då skall du få det.
Mvh Tommy Liljehorn Oskyldigt dömd."

Svaret på dessa rader blev.

"Hej. Vilket ärendenummer gäller det här?"

"Med vänliga hälsningar

ÅKLAGARMYNDIGHETEN

Anne-Maj Väre

Handläggare."

Svaret från mig.

"Beror på vilket av alla du menar, fast det spelar väl ingen roll. Ni har tydligen bestämt er för att jagär skyldig trots de bevis jag lämnat så då kann jag ju lika gärna rätta in mig i ledet och fortsätta livet som kriminell. Har hållit på i 3 år nu vad är det för mening fortsätta kämpa? Mvh Tommy Liljehorn"

Efter denna konversation kom ett mail från Hanna Cardell.

"Hej Tommy!

Jag har fått ta del av ditt mail till mig angående det beslut jag fattade 2023-04-20 i AM-55727-23. Jag uppfattar ditt mail so matt du inte är nöjd med mitt beslut och önskar överklaga det. För det fall jag uppfattat dig riktigt kann jag översända dina mail till Åklagarmyndighetens Utvecklingscentrum so mär den enhet som överprövar åklagarens beslut. Där kommer en överåklagare att

granska ditt ärende och besluta om min handläggning har varit felaktig eller inte. Önskar du att jag översänder dina mail till Utvecklingscentrum?
Vänliga Hälsningar
Hanna Cardell"

Mitt svar:
"Visst gör du det, fast det är väl egentligen meningslöst för rättvisan verkar vara obefintlig för en oskyldigt dömd. Tots mened. Skicka med min ursprungliga anmälan med skivan också
/Tommy Liljehorn"

Senare lyckades jag "ta ett foto" från filmen som visar ljusförhållandena på Färnebogatan på kvällen med bilen och skickade över till Hanna.
"Du kan ju roa dig med att medsända det här fotot på bilen Tobias Larsson har påstått sig se mig vid passagerarplatsen på, iklädd mörka kläder på den här platsen i det här ljuset. Om inte det bevisar mened vad behövs då? Klargör för mig vad som mer krävs för att bevisen skall anses vara tillräckliga.
Mvh Tommy Liljehorn"

En annan sak jag gjorde ganska omgående var att dra iväg en JO-

anmälan mot Hanna då hon anser att mened inte falle runder allmänt åtal. Nu återstår bara vänta och se.
Här följer nu några rader jag skrev när jag vippade omkring i tillvaron och inte var riktigt säker på vad jag ville, förutom en sak.

Har även funderat en del över det här med domen. Om det under en rättegång uppkommer helt nya uppgifter som gör att brottet i åtalet försvinner, borde då inte jag som åtalad ges möjlighet att bemöta dessa helt nya anklagelser? Hur kan en åklagare bara ta helt nya uppgifter om något det inte finns minsta substans av i varken vittnesmål, förundersökning och åtal och göra en fällande dom?
I det perspektivet spelar det ju ingen roll hur mycket bevis jag lägger fram angående en icke fungerande växellåda eftersom det helt plötsligt rör sig om ett helt annat fordon jag aldrig hört talas om vad gäller brottet.

ELVA

MINA FUNDERINGAR ANGÅENDE MENINGEN MED LIVET.

Dessa rader skrev jag långt tidigare utan avsikt att publicera det annat än efter mitt frånfälle. En del redan återgivet.

Fegt att ta livet av sig?
Mina funderingar till de som undrar VARFÖR!
VARFÖR, lever man för?
Vad är egentligen en persons uppgift?
När det redan finns så mycket människor som är så mycket bättre än jag, varför föddes då jag? Dags att göra ett bokslut över livet och titta på vad man åstadkommit.
Inte mycket kan jag konstatera.

Jag har förstått att jag är född för att misslyckas med allt jag försöker mig på, men VARFÖR? var jag någon grym djävla härskare i mitt tidigare liv och ska betala för det nu eller?
Varför skaffar en människa barn för när de inte vill ha det? Jo för det "skulle va så" som morsan sa, en djävla statuspryl som man bara skulle ha! OK, det var kanske så på 50 å 60-talet men att man som morsan gjorde TRE stycken när man inte ens ville ha EN förstår jag inte, och BORDE man inte ge alla tre SAMMA förutsättningar? Att

födas som den tredje och sista av individer som inte ens vill ha några ger ju inga lysande förutsättningar.

Det har aldrig i vår familj rått några som helst tveksamheter om VEM som är den största idioten och som ALLTID kommer att vara en stor idiot, sepp, cp, pucko och totalt djävla dum i huvet.

Min bror, som är äldst, var det så djävla märkvärdigt med, han var ju äldst och var den som kunde allt, han hade problem med magen, ojoj, han måste få Novalokol mot det, han hade näsblod och det måste brännas för att få fason med det. OK, no problem.

Syrran hade migrän och synfel och blev opererad för blindtarmen, OK jag e inte avundsjuk, ärligt. problemet var bara att om JAG någon gång hade näsblod så vad det för att jag hade petat mig i näsan och därför fått det, jag fick skylla mig själv.

Morsan hade sin astma och allergi, ok jag e inte avundsjuk på det, men det var ALLTID så att JAG kunde aldrig vara sjuk, då skulle jag i så fall ha en djävla hög feber och vara totalt utslagen, det var enda gångerna dom accepterade att jag inte mådde 100. Många gånger var inte ens DET tillräckligt. JAHA, och vad har ni för prov idag då? kunde morsan slänga ur sig.

Nä, MIG kunde det aldrig vara fel på. OM jag någon gång yppade att jag inte mådde bra kunde svaret bli, Ah, det säger du bara för att vi ska tycka synd om dig, men det är det ingen som gör så SLUTA UPP FÖR FAN!! Det är inget fel på dig.

Det var så mycket fel på mina syskon så morsan hade helt enkelt ingen ork kvar till att ta hand om en sjuk unge till. Hur jag vet det? Hon sa det.

Mina föräldrars absolut största skräck vore att tvingas erkänna att de hade fel då det gällde mig, jag FICK helt enkelt inte lyckas med något, därför gjorde de sitt absolut bästa för att se till så att jag ALLTID misslyckades med ALLT, även om jag någon gång kunde lyckas med nå't, jaha so what? även en blind höna kan ju hitta ett korn. Det var väl inget märkvärdigt med det.

I snart 49 år har jag fått betala dyrt för att ha mina så kallade föräldrar. Jag har ett mål i livet, att dö skuldfri, men det är inget krav, men jag skall inte ha några privata skulder i alla fall och snart har jag inga kvar, så händer det inget inom den närmsta framtiden som gör att det blir en vändning i mitt liv så är det inte så säkert att jag blir 49.

Vem fan bryr sig, det enda jag har fått göra hela mitt liv är att betala och det är jag trött på nu, REJÄLT trött, jag sitter helt i knäna på andra och är helt beroende av andras val, har jag någon gång försökt mig på att få till en förändring har det ALLTID slutat med att JAG har fått betala oavsett om det gäller jobb eller nå't annat, som husbygge karaoke eller boende.
Jag vet att inte "alla andra" alltid lyckas heller, men de MISSLYCKAS inte jämt som JAG!

FEGT ATT TA LIVET AV SIG?

Tja, det beror på vem man frågar, människor som glidit på räkmackor hela livet och som aldrig haft problem med några som förstör kan inte förstå hur livet kan vara för de som hela livet inte gjort något annat än försökt men fått det hela förstört av illasinnade.

Det värsta man kan råka ut för är föräldrar som hela tiden gör allt för att man skall misslyckas, föräldrar som inte VILL att man skall lyckas på grund av att de har BESTÄMT sig för att man är värdelös och inte kan något. Då spelar det ingen roll hur väl man försöker, för det duger ändå inte, det du kan kan väl alla andra....

Hur skulle det se ut om de plötsligt en dag måste erkänna att deras barn faktiskt kan något? då skulle de vara tvungna att erkänna att de

haft fel, och det är något som min så kallade mor ALDRIG i livet skulle göra, och heller aldrig gjorde.
Jag tänker försöka förklara för er som läser det här, varför jag nu bestämt mig för att det får vara nog. Om ni efter det fortfarande tycker att jag är feg som gör detta, är upp till er.

Var börjar man då? tja så tidigt som man kan antar jag, vet inte riktigt hur gammal jag var när jag började minnas, men ett starkt minne jag har från väldigt tidig ålder är en händelse då jag var ensam hemma med morsan.

Jag satt på golvet i köket och kämpade med att knyta skon, och när jag hade fått till något, som kanske i och för sig inte var en knut, men nå't ditåt, sa jag glatt: titta jag

kunde, och morsan som då kanske satt en meter från mig och drack kaffe samtidigt som hon tittade ut genom fönstret förklarade myndigt. NÄ, det kan du inte, UTAN att ta blicken från det utanför fönstret som för tillfället var mer intressant än hennes minste sons strävande att uppnå något positivt. Hur gammal var jag då? tja hur gammal är man när man vill kunna visa att man kan själv?

Jag kan inte idag, vid snart 50 års ålder, minnas en enda gång som hon sagt, bra, vad duktig du är, det kommer nog att bli något av dig med. Däremot missade hon aldrig ett tillfälle att förklara mig som dum i huvudet och att jag ALDRIG kommer att lyckas med någonting.

Nu hoppar vi fram några år i livet till nästa starka minne, det gäller instrumentspelande.
Jag har två äldre syskon Brorsan som är äldst och syrran, som väl är den som egentligen aldrig har sagt något negativt om mig till mig, men ändå, omedvetet, bidragit till följande händelse.

När det var dags för musiklektionerna i skolan ville brorsan ha en trumpet, happ, han fick en trumpet, lektioner och tid, det rann ut i sanden. Syrran ville ha en gitarr, happ, hon fick gitarr, lektioner och tid, det rann ut i sanden.

När det så var min "tur" att börja förklarade morsan att: Ja det är inte lönt att du ber om ett instrument, för har varken Thomas eller Anneli klarat det så klarar inte du det heller! så där satt man med sin blockflöjt! hur kul är det när man är vad? kanske 10-11 år tror jag gick i trean vid detta tillfälle, brorsan är 5 år äldre och syrran 2.

JAG fick inte samma möjligheter som mina syskon därför att DOM misslyckats, och därför kunde ju naturligtvis inte JAG lyckas heller.
Tack mamma.............
Ytterligare några år längre fram tog jag tag i saken själv efter att syrrans gitarr legat och samla damm på vinden, hon hade ju lektionerna kvar så det var bara att börja och bevisa att "morsan" hade fel.

En dag då jag satt vid köksbordet och klinkade och hade lärt mig spela Love Me Tender satt hon som vanligt med sin kaffekopp och jag spelade, när jag var färdig med mitt plink, vad tror ni jag fick höra? Vad duktig du är, har du lärt dig spela det helt själv, det var riktigt bra, bättre än din syster.

NÄ, sån't skulle morsan ALDRIG nedlåta sig till: Ja nå'n ny Elvis Presley det blir ju inte du!
Kort och konsist....... jag har ofta tänkt vad hade hänt om hon istället hade sagt något positivt? hade jag då behövt kämpa i 30 år med betanm och inte kunnat göra det man skall göra mellan 20 och 50 års ålder? det får vi aldrig veta.
Men jag inser EN sak, det spelar ingen som helst roll vad jag gör eller försöker göra för min mor kommer ALDRIG att vara nöjd med något.

Jamen det där är väl inte så farligt tänker ni, nä i och för sig inte, men sen följer en uppväxt i tonåren som inte är bättre, det följer ett ungt vuxenliv som inte är bättre och det följer ett vuxet liv som är fyllt av misslyckande, motgångar och en ständig inre röst som klart och myndigt deklarerar FAN VA DUM I HUVET DU ÄR!!!

Trots att morsan nu varit död i många år, sitter hon fortfarande där inne och hånskrattar varje gång jag misslyckats, och det är ofta. Vad va det jag sa, det skulle ju inte gå. Ha ha..... fan du e så djävla dum i huvet djävla seppo....

Tidigt i livet försökte jag mig på att uppnå vissa mål, men hela tiden var morsan där och förstörde, jag drar mig till minnes en händelse som inträffade då jag var kanske 20 år. tror inte jag gjort lumpen, en kompis hade en Saab 99:a, en tidig modell med så kallat frihjul. Någonting blev fel och växellådan drog inte, och hon som ägde bilen undrade om jag kunde titta på den, visst sa jag, är det bara vajjern som pajjat så borde det ju inte vara så svårt.

Sagt och gjort, bilen drogs hem till oss, vi hade hus på landet med stor tomt, och jag började på med att undersöka saken, vajjern hel. Hm, vad kan då ha hänt, när jag som mest höll på att undersöka och forska i saken, ringer hon som äger bilen, jag e inte hemma, morsan tar samtalet och förklarar för henne att: Det är lika bra du ber nån annan för det där klarar inte han ändå!

Att jag vet vad morsan sa och gjorde bakom min rygg beror på att hon talade om det.
Det var väl nån form av maktkänsla kan jag tänka, men det VIKTIGASTE för morsan var att hon ALDRIG hamnade i en situation där hon skulle tvingas erkänna att jag kunde nå't.
Senare, när jag gjort lumpen, bestämde jag mig för att försöka dra igång lite bilrep.

Sa till mina föräldrar att jag tänkte sätta in en annons, ha ha, ja gör du det, fick jag till svar, jag hade varit och köpt en migsvets och andra verktyg, samt repat en del både på mina egna bilar, men också andras, när annonsen kom in så blev de tvärförbannade, för inte fan kunde de tänka sig att jag VERKLIGEN skulle göra det, det begriper du väl för faan att du inte kommer att klara av!!

Det ringde en taxichaffis som fått en buckla på höger bakskärm och undrade om det gick att rikta utan att behöva lacka om fick han svaret av morsan, eftersom jag inte var hemma, ring nån annan för det där klarar han inte av iaf!

Hon hade bestämt sig, pojkfan e dum i huvet och kan inget och kommer aldrig att klarar av något, han ska inte försöka sig på att göra nå't!

Vid det laget var det inget fel på min ekonomi, så dök det upp ett tillfälle att bygga hus, väldigt fördelaktigt, kommer inte ihåg exakt i detalj, men det var kommunen som på något sätt gick i borgen, i ett litet samhälle om man byggde och flyttade dit.

Sagt och gjort, jag hade avverkat lumpen och tog bågen till Kalmar där försäljaren fanns och skrev alla papper och allt var i stort sett klart, det här var alltså ingenting som mina föräldrar på något sätt var involverade i varken ekonomiskt eller på något annat sätt, jag visste att OM jag skulle kunna göra något av mitt liv så måste jag BORT!!
Satan i gatan vicket liv det blev, JAG, BYGGA HUS, E DU DUM I HUVET!? DET KOMMER DU ALDRIG Å KLARA!!!
Vid ett tillfälle ringde husförsäljaren hem av någon anledning för att prata med mig om något, jag var inte hemma, men MORSAN VAR!
Hon läste lusen av den stackars kraken och förklarade att:
"Det begriper du väl, att en unge som inte mer än gjort lumpen klarar väl inte av att bygga hus!!"

Hon SKÄLLDE UT, husförsäljaren, förmodligen livrädd för att tvingas erkänna att Tommy, han kan nå't han också. NÄPP, här skall det djävlar inte byggas nå't hus!!

Det var ju bara att avbeställa alltihop, för hon hade inte lämnat mig nån ro och eftersom jag då fortfarande bodde hemma hade jag inget val. Det var då jag förstod att det är inte lönt jag försöker med nå't för hon kommer ALLTID att göra ALLT hon kan för att stoppa mig, å sen sket jag i alltihopa, gav fan i att betala räkningarna, sen var det downhill...............

Skyller jag från mig? Tja man kan säga att om inte morsan är skyldig till min situation, så är inte Hitler skyldig till Judeutrotningen, det var ju DOM som klev på tågen, då får de väl skylla sig själva! Likaledes kan inte ett stort antal Ukrainare på flykt skylla på Putin, dom har ju själva helt frivilligt begett sig på flykt, ingen har tvingat deras beslut.

Har jag då ALDRIG haft nått flyt? jodå, jag har minsann haft framgångar inom vissa områden jag med, men det är som med ett batteri, om du tar ur mer än du ger så blir det tomt, och sker detta för ofta under för lång tid går cellerna sönder och förlorar förmågan att ta emot laddning OAVSETT hur mycket det laddats!!
Det är ett laddat ämne, det här med självmord.

Om jag tar en pistol och skjuter mig är jag feg, hoppar jag framför ett tåg är jag feg, smäller jag bilen i ett berg är jag feg, MEN om jag RÖKER och får cancer är det synd om mig! Självmord som självmord, bara metoderna är olika........ nu ska jag ta en cigg.

På tal om flyt skall jag nu berätta en sak som är, hur otroligt det än kan låta, helt sant.
2008 hittade jag en tomt i något som heter Salinge, det ligger i Enköpings kommun, och som också har stor del i mina nu tagna beslut.

2008 hade jag absolut inga möjligheter till att låna pengar för att köpa tomt, inte heller godkänner banker och låneinstitut en obebyggd tomt som garanti för lån. Tänkta lösningen då blev att bygga på så kallad ofri grund, det vill säga, jag hyr tomten men äger huset, för att, när bygget är tillräckligt långt kommer kunna använda det som säkerhet för lån till att köpa loss tomten och på så sätt bli ägare till en fastighet.

Så långt allt väl, ringer till Enköpings kommun för att förhöra mig om vad som gäller i området, och frågar då också om det finns NÅGONTING jag får bygga utan bygglov. svaret jag då får är 15kvm, TROTS att det alltså inte finns någon huvudbyggnad tycker de att det är ok eftersom jag har för avsikt att bygga. Vill ha någonstans där jag kan vara medans jag planerar för husbygget, har 8,5 mil enkel väg. Påsken 2009 är jag på tomten och tar tag i lite röjning och städning efter vintern, samt börjar på att titta på tomtgränser och hur jag skulle kunna bygga och var och vad.

DÅ, när jag kommit igång med allt, går samfällighetsordföranden och lämnar in en anmälan mot mig för att, som han påstår, grannarna hade klagat på att jag ställt tre bilar på tomten över vintern, 2 av dessa bilar var sommarbilar som varit avställda över vintern. Det märkliga i det här är att INGEN av grannarna hade sagt ett ljud till MIG om att jag hade dessa tre bilar på tomten.
Jag får då veta av Enköpings kommun att de bestämt att man bara får ha EN bil per tomt och att den måste vara besiktad. jag fick två veckor på mig att ta bort dom, jag förklarade då att det finns inte en chans. Jag stod ju och planerade för ett husbygge, men det örat lyssnade de inte på, frågade då om jag får bort två bilar och den bilen som är kvar inte är besiktad var ok, och det var det, för då hade jag visat god vilja. Fick också rådet av denna person att söka tillfälligt bygglov för uppförande av byggnader för förvaring av byggmaterial, eftersom jag ju hade för avsikt att bygga hus, samma person sa också att han satt i den grupp som behandlade dessa ansökningar.

Happ, sagt och gjort, jag drog ut till landet och byggde ett litet presenningsgarage över två av bilarna den tredje skulle ställas på tänkte jag.

Planerade in semestern i aug 09 för att kunna vara på landet och bygga på dom byggnader som skulle bli tillfälliga, men insåg också att jag lika gärna kunde bygga garaget klart och sedan låta det ingå i den permanenta bygglovsansökningen.

Innan min semester tog jag kontakt med Enköpings kommun för att förhöra mig om hur det såg ut med min ansökan. Tyvärr var den jag talat med första gången på semester så jag fick prata med en annan som tydligen var ganska högt uppsatt.
När jag förklarat mitt ärende så letade han efter det men kunde inte hitta något, men det var diariefört i alla fall, jag frågade hur jag skulle göra, och fick då svaret att: åk ut och bygg du så löser det sig när han kommer tillbaka.
Så jag gjorde det, men inte för avancerat, eftersom jag ju inte fått bygglovet, trots allt, men jag byggde ett bättre presenningsgarage och sedan kom då svaret från kommunen. AVSLAG!!!
Motiveringen? det anses inte LÄMPLIGT!!

Det anses inte lämpligt att i Enköpings kommun ställa upp tillfälliga byggnader för förvaring av byggmaterial vid husbygge!! hur har de tänkt sig att jag skall förvara material och verktyg under byggtiden? under presenning?

Under 2010 var jag mail-ledes i kontakt med den personen som sagt jag skulle söka tillfälligt bygglov och frågat hur de har tänkt sig att jag skall förvara byggmaterial och verktyg? svaret jag fick av honom? inget!!

Har nu betalat tomthyra och eluppkoppling till vattenfall i fyra år och inte kommit en meter, fast jag vet vem som ligger bakom.
Morsan, det här är TYPISKT henne. hon sitter i sitt dödsrike och fortsätter att djävlas, hon tänker inte under några som helst omständigheter acceptera att hennes minste son försöker sig på något i livet, han är, har alltid varit och kommer alltid att förbli en nolla.
Born looser och nolla, that's me.

När morsan väl dog, dog hon "försent" så försäkringar och annat skit gav inget, men hur skall man kunna betala någon för 30 förlorade år? vad är det värt, 100,000 om året? pengar spelar ingen roll för jag blir inte 20 igen 30år ÄR borta, det går aldrig att diskutera bort. Jag var på hennes gravsättning, eller vad det heter när dom skall kremeras, av den enkla anledningen att jag fick betalt för det.

Innan hon dog så förklarade hon att hon ville inte att folk skulle kunna säga: tänk att han inte gick på mor sis begravning (Smålännska) hon tänkte mer på sig själv som död än hon någonsin tänkt på mig som levande för morsan var det viktigaste vad andra skulle säga, inte hur jag hade det.

När jag satt där och de satt å snörvlade runtomkring, tom farsan å brorsan snöt å hade sig kände jag absolut ingenting, det hade kunnat vara vem som helst, det var inte min MOR i alla fall, nå'n sån har jag aldrig haft.

Idag får jag ekonomin att precis gå runt, men jag tjänar inte så jag kan betala Intrum mer än 500 och därför skall de skicka det till KF, Ok gör det då, jag sätter en pipa i käften och blåser bort hjärnan, då får INGEN, några mer pengar!!! Jag gör det inte för att slippa betala utan för att jag är så DJÄVLA TRÖTT på att vara misslyckad!!

Länge sen jag skrev här nu, livet har rullat på trots allt, men inte mycket positivt har hänt.

Tomten har jag lämnat för en lada som jag hyr, tyvärr har inte det blivit som tänkt på grund av att skitstöveln jag hyr av inte hållit vad vi kommit överrens om.

Naturligtvis är det morsan som ligger bakom det. Jag skulle också ta över en bilverkstadsverksamhet, vilket gick fullständigt åt helvete på grund av att han som äger verkstan och som jag gjort överrenskommelsen med inte sagt riktigt som det var, det finns en tredje person involverad som tydligen skall ha skriftligt på sin rätt att använda verkstan, men det behöver han inte visa för mej, för det angår inte mej.

Det här har resulterat i en kommande saftig skatteskuld, pengar jag SKULLE ha tjänat om det blivit som jag kommit överrens med ägaren om, han är förövrigt strykrädd och bor på samma gata som den tredje personen och skiter fullständigt i att det drabbar mej. Hamnar jag hos fogden igen då blir det pipan i käften.

Förövrigt har jag under 2014 drabbats av inbrott i min cheva, sönderslagen ruta och stöld, rutan kostade 400 på skroten och det de stal kan kvitta, men jag har även blivit beskjuten, visserligen bara med airsoftgun, den här gången. bilder finns på de som gjorde det, polis-utredningen lades ner på grund av att de ansåg att det inte gick att utreda. En kille som var med är son i en familj som varit hyresgäster på adressen, hur svårt skulle det vara att komma vidare i det.

Jag har även haft skadegörelse på min Lincoln som vid tillfället stod i ladan, utslagen ruta och sönderbrutna lister höger bakdörr, det är en bil som inte finns på skrotarna i Sverige. Det här är morsans verk, det stinker morsan lång väg.

På tal om henne ja, vid ett tillfälle var hon i Stockholm och såg nå'n musikal med Carola och Christer Sjögren, det är 35mil mellan Oskarshamn och Stockholm, men tror ni hon ringde sin yngste son och sa, hej det är mamma, jag kommer till Stockholm, vore kul att träffas? nä då, så mycket hade hon till övers för sin yngste son.

Min mor var karhatare. Hon hatade allt vid närmare eftertanke. Jag kan inte minnas jag någonsin hört henne säga ett enda vänligt ord om en enda människa. HAT var hennes bränsle, så fort hon fick chansen, eller tog den, snackade hon skit om andra och kommenterade vad den eller den gjorde.
Hon var speciellt förtjust i att hacka på mig, mina syskon fick säkert sin beskärda del också fast det verkar som om min bror och min mor hade ett speciellt förhållande, kanske för att han var förstfödd. Min

bror har sagt att jag aldrig fått stryk, många gånger fick jag det när han inte var närvarande så det vet han inte så mycket om.

Varför har jag då inte kunnat bli något i livet? när man från tidig ålder får lära sej att man är kass, värdelös, sepp, cp inte värd något och aldrig kommer att kunna lyckas med något, blir det en sanning man bär med sej genom hela livet. även om man någon gång lyckas med något, är det inte riktigt bra, man hade kunnat göra det bättre.

Som mor min sa, jaha, vad är det med det? det är väl inget att yvs över. Jag är uppvuxen i Småland om någon undrar. Ingenting av det jag lyckades prestera under min uppväxt var någonsin gott nog.
"Det är inte lönt du försöker, för du kommer ändå inte att lyckas."

Jag brukar säga att min mor slog psykiskt medans farsan slog fysiskt. Att svara emot innebar en hurring så huvet gungade, eller så kom mattpiskan fram. Ner med brallorna, sedan slog han tills han var nöjd. Man skulle hålla käften och göra som man blev tillsagd punkt slut.

Far var militärbefäl och accepterade inte att man var uppstudsig, uppkäftig eller sa emot, vilket är ungefär samma sak, för då blev det en "generalomgång"

Problemet var bara att många gånger som mattpiskan kom fram eller handflatan ven i luften, så var det för saker man inte gjort. Men att de hade fel fanns inte i deras värld. Om jag inte sa det de ville höra så var det jag som ljög, och jag skulle fan i mig lära mig att inte ljuga.

Så det blev stryk tills man erkände, och man erkände för att slippa få mer stryk. Resultatet blev dock tvärt emot, det blev ännu mera stryk, för man skulle lära sig att erkänna med en gång. För morsan var det enkelt. Man erkänner inte om man inte är skyldig. Jag minns en händelse då jag blev anklagad för stöld, deras favoritanklagelse.

När de byggde om vägen hemma var det spännande, de sprängde och hade sej, körde med lastbilar och maskiner. Detta var ju naturligtvis intressant. än mer intressant var det i resterna av sprängblocken, där fanns så kallad sprängtråd. vilket inte var något annat än smala sladdar som dom apterade sprängladdningarna med.

Dessa sladdar samlades det på, dessa var i olika färger, och om sladdarna inte var tillräckligt långa skarvades dom och blev försedda med små hattar. Dessa sladdar tog jag hem en stor mängd av, och en dag när jag, min mor och min far satt vid middagsbordet, tog han upp en så'n sladd med hatt på och frågade var jag hade stulit den.

Jag sa som det var att jag hade hittat den vid vägbygget. Detta var inget som han accepterade för han visste att den var skarp och fullt kapabel att spränga hela byn åt helvete.

Länge höll han på med att jag måste ha stulit det i något förråd, för de lämnade inte sån't på platsen. Jag vet inte exakt hur länge han gapade och skrek och hotade med stryk, konstigt nog fick jag inte det vid det tillfället, till slut sa jag till honom att han kunde ju ringa vägbyggarna och fråga. Ja det kan du ge dej fan på jag skall!!!

Så ringde han, och fick veta att sladdarna var helt ofarliga och att de inte haft några inbrott i några förråd. Sedan sades det inte mer om det. Inte ens någon ursäkt för att han hade anklagat mig för stöld, ingenting. Var det någonting som mina föräldrar aldrig gjorde var det att erkänna att de hade haft fel.

Jo EN gång, har farsan bett om ursäkt, det var när granntanten kommit in med sån djävla fart på tomten att hon inte kunnat stanna utan kört upp i ett blomland med sin bil. När jag kom hem, minns inte om jag fortfarande bodde hemma då, mycket troligt, kommer han sättandes och gapar om att jag kört i blomlandet. vilket jag naturligtvis nekade till och förklarade för honom att han var mindre begåvad, fast mer kraftfullt uttryckt.

Vid det laget hade jag gjort lumpen och var inte liten och klen längre så han rådde inte på mig. Senare fick han klart för sej hur det hela hade gått till och då bad han faktiskt om ursäkt. Det är den enda gången han har gjort det.

Inte liten och klen lägre.
När de förstått jag var kapabel att försvara mig Ändrade dom taktik. Det spelar ingen roll vad du säger, för vi vet att det är du i alla fall. Vid ännu tidig ålder, då brorsan och syrran gick i skolan, men inte jag, tillbringades min tid ensam hemma med min mor. Hon visade tydligt hur mycket hon inte gillade min närvaro. Oftast nä jag sa något eller frågade något möttes jag av total tystnad, eventuellt med en suck, så jag skulle riktigt förstå hur besvärad hon var.

En annan tidig händelse som satt sig i mitt minne är när jag en gång kom hem efter en cykeltur, det var innan jag börjat skolan, vid det tillfället höll farsan på att bygga badrummet, och det var inte riktigt klart, bland annat var ännu inte varmvattnet inkopplat.

Att vara svettig var ju naturligtvis en världskatastrof för morsan så vad gör hon då? Hon mer eller mindre sliter av mig alla kläder, trycker in mig i duschen hållandes en hand mot mitt bröst och vrider på kranen. Jag var alltså varm och svettig morsan drar på iskallt vatten.

Att hon hade sadistiska läggningar visste jag ju om, men allteftersom jag blivit äldre har jag läst lite bland annat om mödrar som har läggning för narcissism, så nu vet jag bättre varför hon var som hon var och gjorde som hon gjord, men det tillsammans med min Asperger hjälper ju inte mig vid 60 års ålder.

Som ni märker är inte denna berättelse i kronologisk ordning vad gäller ålder, jag skriver allteftersom jag minns. En annan sak jag minns är min brors kassettradio. Han hade jobbat extra och tjänat lite pengar, för dessa hade han köpt sej en skitdyr kassettradio. den var verkligen skitdyr, mitten av 70-talet, jag tror han gav 700 spänn för den, en Hitachi, och jag fick stränga förhållningsorder om att inte röra den, vilket jag aldrig gjorde.

Min syster däremot brukade låna den och spela in radioprogram. Så en dag var antennen avbruten och naturligtvis var det jag som brutit av den, fast det var min syster som använt den. Och farsan höll på med sitt, det är väl lika bra att du erkänner, eller ska vi dra in din veckopeng?

Jag erkände aldrig.